최고의 팀은 왜 기본에 충실한가

추천의 글

현존하는 비즈니스 관련 저자들 중 패트릭 렌시오니만큼 책의 각 페이지마다 많은 지혜를 담아내는 자는 없다. 이 책은 우아할 만큼 단순해서 진정한 팀 플레이어의 의미를 완전히 바꿔놓는다.

• 트래비스 브래드베리Tavis Bradberry, 《감성지능 2.0》 공동 저자

나는 이 모델을 우리 경영진에게 적용해보았는데, 완전할 만큼 조직이 잘 돌아가고 있다.

• 스티브 스미스Steve Smith, 에퀴닉스Equinix Inc.의 CEO

렌시오니는 특유의 스토리텔링 방식으로 이야기를 풀어내 진정한 팀 플레이어에게 요구되는 기본적인 세 가지 덕목에 생기를 불어넣었다. 모든 직원에게 이 책을 읽게 하고 어떤 결과가 터져 나오는지 지켜보라.

• 베르네 하니시Verne Harnish, 앙트레프레너스 오거니제이션Entrepreneurs' Organization(EO) 설립자이자 《스케일 업Scaling Up》의 저자

누구를 팀에 합류시킬지 결정하는 일은 조직이 경쟁 우위를 차지하는 데 있어 매우 중요한 사안이다. 이 책에서 패트릭 렌시오니는 그 과정을 단순화해 제시함으로써 리더들이 사람에 대한 결정을 훌륭히 내릴 수 있도록 돕는다.

• 디 앤 터너^{Dee Ann Turner}, 칙필에이^{Chick-fil-A} 인재 담당 부사장

패트릭 렌시오니는 단순하고 상식적인 이야기를 통해 놀라운 지혜를 전달한다. CEO부터 신입사원에 이르는 모든 구성원이 읽어야 할 책이다.

• 밥 라도서^{Bob Ladouceur}, 델 라 살레^{Del La Salle} 고등학교의 전설적인 풋볼 코치이자 《151경기^{When the Game Stands Tall}》의 실화 주인공

||

CEO부터 사원에 이르는
모든 선수들에게

"직원들을 어떤 지표로 평가합니까?"

나는 팀장 이상의 관리자들에게 성과 관리를 강의할 때마다 이 질문을 던지며 시작한다. 몇몇 관리자들은 잠시 생각하는 듯하다가 문제 해결력, 협상 스킬, 창의적 사고 등 회사가 직원들을 위해 설계한 '역량 모델'을 답으로 제시한다. 그러나 뜻밖에도 이 정도로 답하는 관리자들은 그리 많지 않다. 대부분은 눈을 깜박거리며 내 입만 쳐다본다. 인사 부서가 아무리 정교하게 역량 모델을 설정해놓아도 그걸 온전히 인지하고(적어도 암기하고) 코칭에 활용하는 관리자는 그리 많지 않다는 방증이다.

"그렇다면 여러분들은 실제로 직원들을 이렇게 평가하지 않습

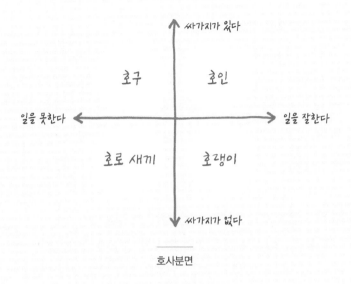

싸가지가 있다

호구   호인

일을 못한다 ←   → 일을 잘한다

호로 새끼   호랭이

싸가지가 없다

호사분면

니까?"

나는 화면에 두 개의 축으로 이루어진 그림 하나를 띄운다. 소위 '호사분면'이라 불리는 그림을 보자마자 관리자들은 웃음을 터뜨린다. 한 축은 양 끝점이 '일을 잘한다'와 '일을 못한다'이고, 다른 한 축은 '싸가지가 있다'와 '싸가지가 없다'로 되어 있는 호사분면은 정교한 역량 모델이 있다 하더라도 일선 부서의 관리자들은 직원들을 4개의 부류(호인, 호구, 호랭이, 호로 새끼)로 나누고 만다는 현실을 적나라하게 꼬집고 있다. 이렇게 평가한 직원들의 순위를 역량 모델에 억지로 끼워 맞추는 아이러니한 상황, 관리자들의 웃음은 폭소라기보다 현실을 마주할 때 멋쩍

옮긴이의 글

게 터져 나오는 실소에 가깝다.

이렇게 '지행일치'가 이뤄지지 않는 이유는 관리자들의 능력
이 부족해서라기보다 역량 모델이 지나치게 복잡하기 때문이
다. 직무별, 직급별, 직군별로 역량 모델이 상이하고, 직원 한 명
이 평가받아야 할 역량의 개수는 적게는 6개에서 많게는 15개
에 이른다. 팀 내에 다양한 직무가 존재할 경우, 팀장이 직원 각
각에게 적용되는 역량 지표를 기억하기란 무리가 아닐 수 없다.
또 역량 모델을 구성하는 카테고리들이 필요 이상으로 '개인적
측면'을 강조하기 때문에 그렇다. 문제 해결력, 협상 스킬, 창의
적 사고, 의사소통 등의 역량들은 내용을 면밀히 살펴보면 개인
차원의 능력을 지적하고 있어 실제로 팀워크를 하기 위해 필요
한 자질은 외면당하고 있다. 마치 국어, 수학, 영어를 잘하면 높
은 성적을 부여하는 학교 행정을 그대로 회사에 옮겨놓은 듯한
역량 모델로는 누가 팀을 위해 공헌하고 더 높은 차원의 성과
창출에 기여하는지 판단하기 어렵다. 관리자들이 현장에서 호
사분면으로 직원들을 바라보는 까닭은 '싸가지가 있다, 없다'가
사실 팀 플레이어의 중요한 역량임을 암묵적으로 인식하고 있
기 때문일 것이다.

이 책은 제프의 일화를 통해 팀워크가 위기에 처한 기업을 일으
켜 세우는 가장 큰 동력임을 생생하게 보여준다. 대부분의 조직

들이 위기에 직면하면 재무적인 측면에만 힘을 집중하느라 팀워크는 우선순위에서 뒤로 밀린다. 오히려 인력 구조 조정이라는 악수를 두는 바람에 한줌 남은 팀워크조차 소멸시키는 기업이 얼마나 많은가? 멀리 보는 리더라면 팀워크가 위기를 돌파하는 유일한 일격임을 누구보다 잘 알리라.

이 책에서는 '겸손, 갈망, 영리함'을 팀 플레이어의 중요한 덕목으로 꼽고 있다. 독자들은 이 세 가지가 왜 팀워크를 떠받치는 핵심 덕목인지 의아하게 여기겠지만, 제프의 이야기를 읽다 보면 자연스레 팀워크의 본질이 이 기본적인 자질에 있음을 체득하게 된다. 겸손은 좋은 팀 플레이어가 되기 위해서는 당연히 요구되는 자질이다. 좋은 위치에 있는 다른 선수에게 공을 넘기지 않고 본인이 공을 독점하는 축구선수에게는 팀워크 점수를 낮게 준다. 두 번째 자질인 갈망은 팀의 정의를 '동일한 목표를 달성하기 위해 모인 집단'이라고 볼 때 목표 달성의 '연료'로서 팀워크에 역시나 필수적이다. '배고프지 않은' 직원은 자신에게 공이 패스되어도 상대 선수의 태클에 맥없이 무너질 테니까. 세 번째 자질인 영리함은 가장 오해받기 쉬운 덕목이다. 책에서는 영리함이란 '타인에 대한 상식', 즉 대인 관계를 잘 이해하고 그에 맞춰 적절하게 행동하는 능력이라고 정리한다. 개인적 능력의 대표격인 '지능'과는 아무런 상관이 없다. 이 세 가지 자질이 일화 속에서 어떻게 연결되고 통합되는지를 염두에 두고 읽으면 보다 재미있을 것이다.

나는 미국식 성과주의 인사 제도의 폐해를 지적하고 이를 폐기하라는 말을 기회가 생길 때마다 하곤 한다. '평가를 버려라'는 단정적으로 들리지만, 근거가 확실한 나의 주장에 인사 담당자들은 놀랍고 의심스러운 눈으로 이렇게 질문한다.
"그러면 직원들을 무엇으로 평가합니까?"
평가를 버리라는 말에도 또 평가를 언급하는 것을 보면 어지간히 평가를 버리기가 쉽지 않고 두려운 모양이다. "정 그렇다면, 이것으로 평가하세요." 나는 한숨을 한 번 쉬고 나서 화이트보드에 이 책에서 제시하는 팀 플레이어의 세 가지 자질을 벤다이어그램으로 그린다.

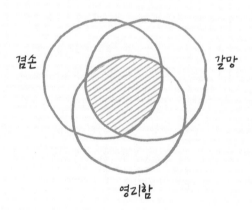

직원들은 조직의 구성원으로서 필히 세 개의 원이 교집합을 이루는 구역에 자기 이름을 올리도록 노력해야 하며, 어느 하나라도 부족하면 리더는 그 직원을 가운데 구역으로 인도해야 한다. 이렇게 팀워크를 증진하는 과정에서 문제 해결력이니 창의적 사고니 하는 역량도 자라나는 게 아닐까?

관리자의 임무란 허울뿐인 역량 모델을 버리고 세 가지 요소를 통해 직원들을 이상적인 팀플레이어로 육성하는 것이다. 직원들 역시 조직 성과에 기여해 진정한 보람을 느끼고 성장을 경험하고자 한다면 이상적인 팀플레이어가 되도록 노력해야 할 것이다. CEO부터 사원에 이르는 모든 '선수'들에게 이 책을 추천한다.

2018년 8월
인퓨처컨설팅 대표
유정식

최고의 팀은 왜 기본에 충실한가

THE IDEAL TEAM PLAYER

조직을 성장시키는 팀 플레이어의 3가지 비밀

패트릭 렌시오니 지음 | 유정식 옮김

흐름출판

어딘가에 소속되어 있지 않은 개인은 없다.
우리는 모두 조직에 속한 팀 플레이어다.
최고의 팀은 이상적인 팀 플레이어가 만든다.

||

이상적인 팀 플레이어에게 필요한
세 가지 자질

만약 누군가가 조직 생활을 잘하기 위해 개발해야 할 자질 중
가장 유용한 것이 무엇인지 우선순위 목록을 만들어달라고 말
한다면, 나는 목록의 맨 위에 팀 플레이어가 되는 것이라고 적
을 것이다. 다른 사람들과 함께 어울려 효과적으로 일하는 능력,
그리고 자신만의 고유한 가치를 발휘해 활력 넘치는 집단을 만
드는 데 기여하는 능력은 급변하는 요즘 같은 시대에서 가치가
더욱 중요해지고 있다. 이런 능력이 없으면 직장에서 성공할 수
없을 뿐만 아니라 가족 등 그 어떤 사회적 관계도 원활하게 유
지할 수 없다.

대부분의 사람이 훌륭한 팀 플레이어가 흔치 않다는 말에 동의
할 것이다. 이것은 훌륭한 팀 플레이어가 되기 위해 필요한 것

을 구체적으로 규정하지 못하고 팀 플레이어에 대한 막연한 개념을 방치하고 있기 때문이라고 생각한다. 여전히 팀워크에 실질적으로 관심을 기울이기보다는 말만 앞세우는 경우가 많다. 《팀이 빠지기 쉬운 다섯 가지 함정The Five Dysfunctions of a Team》에서 나는 진정한 팀워크는 구체적인 행동을 필요로 한다고 주장한 바 있다. 숨김없이 자신을 드러내기, 건전한 갈등에 뛰어들기, 결정된 사항에 매진하기, 책임지는 문화 형성하기, 성과에 집중하기 등이 바로 그것이다. 다행히 적절한 코칭, 인내심, 시간만 충분히 있으면 대부분의 사람이 이런 행동을 실행하는 법을 배울 수 있다.

물론 팀 플레이어로서 이 다섯 가지 행동을 다른 사람들보다 더 잘 실천하는 사람이 있다는 사실을 인정하지 않을 수 없다. 이들은 선천적으로 그런 능력을 타고난 게 아니라 인생 경험, 직장 경험 혹은 진정한 자기개발 과정을 통해 이상적인 팀 플레이어가 갖춰야 할 세 가지 덕목인 '겸손, 갈망, 영리함'을 체득했다. 언뜻 생각하면 이 세 가지 자질을 갖추는 게 쉽게 느껴질지도 모르지만, 실제로 도전해보면 그 어느 것 하나 만만하지 않다는 것을 알게 될 것이다. 세 가지 자질의 미묘한 의미를 올바르게 이해하는 과정이 반드시 선행되어야만 이상적인 팀 플레이어로 거듭날 수 있다.

지난 20년간 여러 기업들과 함께 일하면서 팀원들이 세 가지 자질 중 하나 이상이 부족하면 이상적인 팀을 구축하는 것이 매우 어렵고, 경우에 따라서는 불가능할 수도 있다는 것을 수없이 경험했다. 1997년에 창립한 '더 테이블 그룹The Table Group'은 인재를 채용하고 경영하는 데 앞서 말한 세 가지 자질을 도입하여 접근하였는데 놀라울 정도의 정확도로 팀의 성패를 예측할 수 있었다. 그 결과, 외견상 당연해 보이는 이 세 가지 자질이 운동선수들에게 필요한 세 가지 자질(속도, 힘, 조화로움)에 해당한다는 결론에 도달했다.

조직 생활에 있어서 '겸손, 갈망, 영리함' 이 세 가지 자질이 큰 영향력을 발휘한다는 사실을 부인하긴 어렵다. 겸손하고, 갈망하며, 영리한 직원들을 발굴하고 육성하는 리더는 그렇지 못한 리더들에 비해 확실히 강점을 갖는다. 더 강력한 팀을 더 빠르고 손쉽게 구축할 수 있고, 사내의 정치적 관계나 직원들의 이직, 윤리에 관련된 문제로 인해 야기되는 고통과 비용을 확실히 줄일 수 있다. 또한 팀워크를 중요시하는 조직에서 이 세 가지 덕목을 실천하는 직원들은 자신의 가치를 쉽게 높일 수 있다.

이 책의 목적은 단순해 보이는 세 가지 자질이 팀워크를 현실화하는 과정을 어떻게 가속화하는지, 그리고 이를 통해 얼마나 놀라운 혜택을 얻을 수 있는지 이해하는 데 있다. 부디 여러분에게 도움이 되길 바란다.

| 1부 | 사례

1장 — 계기

2장 — 진단

3장 ══ 발견

| 2부 | 이론

6장 ══ 모델

이상적인 팀 플레이어의 세 가지 덕목

7장 ══ 응용법

부록 ══ '팀 플레이어 모델'과 '팀의 다섯 가지 함정' 모델

THE IDEAL ✕ TEAM PLAYER

1부
=
사례

1장

계기

어떤 개인이든, 조직이든 변화하고자 하는 계기는 반드시 존재하기 마련이다. 이런 계기를 지나치지 말고 받아들여 도전할 때 우리는 성장할 수 있다.

제프, 변화의 기로에 서다

직장 생활을 한 지 20년이 되었을 무렵, 제프 션리Jeff Shanley 는 실리콘밸리에서 충분히 만족스러운 삶을 누리고 있었다. 시간은 여유롭고, 돈은 충분했다. 허세를 부린다 해도 뭐라 할 사람이 없을 정도였다. 뭔가 변화해야 할 시기가 됐음이 분명했다. 이런 생각을 갖게 된 것은 분명 일 때문은 아니었다. 업무적으로 볼 때, 그는 흥미롭고 성공적으로 경력을 쌓아왔다. 몇몇 첨단기술기업에서 마케팅 업무를 수행하던 그는 35세 때 기술 스타트업을 공동으로 창업했다. 그러나 2년 후 이사회가 외부에서 CEO를 채용하면서 CEO 자리를 내줘야 했다. 그것은 오히려 그에게 행운이었다. 새 CEO인 캐서린 피터슨Kathryn Petersen 은 그 후 4년 동안 제프에게 리더십, 팀워크, 사업 등에 대해 경영대학원에서 10년간 배울 수 있는 것보다 더 많은 것을 가르쳐주었다.

캐서린이 은퇴한 뒤 제프는 회사를 떠나 실리콘밸리 인근의 하프 문 베이Half Moon Bay에 있는 작은 컨설팅 회사에서 몇 년간 일했다. 그곳에서 승승장구한 제프는 파트너 승진을 눈앞에 두고 있었다. 하지만 제프와 그의 아내는 값비싼 대저택에 사는 이웃들에게 뒤처지지 않으려고 애쓰는 생활에 점점 진절머리가 나기 시작했다.

그래서 제프는 변화하고자 애썼다. 그러나 어디로 가든지, 그곳에서 무엇을 하든지 도통 의미를 찾을 수 없었다. 그러다 우연히 밥 삼촌과 전화 통화를 했다. 그는 이 통화로 해답을 얻을 수 있으리라고는 짐작조차 하지 못했다.

제프, 건설업계에 첫발을 딛다

　로버트 션리Robert Shanley(밥)는 30년 동안 나파 밸리Napa Valley에서 일해온 유명한 건설업자다. 나파의 건축물 중에서 밸리 빌더스Valley Builders(밥이 운영하는 회사로, 이하 VB라고 약칭함 – 옮긴이)가 관여하지 않은 건물을 찾을 수 없을 정도로 회사도 꽤 잘되는 편이다.

하지만 안타깝게도 밥의 자녀들 중 어느 누구도 가업을 잇는 데 관심을 보이지 않았다. 밥의 자녀들은 식당 주인, 주식중개인, 고등학교 교사 등 모두 제 갈 길을 택했다. 한참 고심하던 밥은 조카 제프에게 전화를 걸었다. 그가 은퇴하고 난 뒤 적어도 2년 이상 회사를 대신 경영해줄 만한 사람을 아는지 물어보기 위해서였다.

밥이 제프에게 조언을 구한 것은 이번이 처음이 아니었다. 제프는 과거에도 몇 번 밥을 도와주었다. 1년 전에도 회사의 핵심가치 중 하나인 팀워크에 관한 프로젝트를 담당할 임원들을 구성하기 위해 도움을 청한 적이 있었다. 제프는 효과적인 팀을 구축할 수 있는 핵심을 조언해주었다.

밥은 제프의 조언이 아주 마음에 든 나머지, 가족모임 때마다 "제프는 내게 최고의 조언자야"라고 말하며 제프를 칭찬했다. 그때마다 밥의 자녀들은 아버지에게 전적으로 신뢰받는 제프를 샘내며 그를 놀려댔다.

밥은 역동적인 첨단기술업계에서 일해온 조카가 다소 보수적이라 할 수 있는 건설업에 관심이 있으리라고는 꿈에도 생각하지 않았다. 그래서 그는 제프의 말을 듣고 놀라지 않을 수 없었다.

"건설업에 종사한 경험이 없는 사람을 고용해보면 어떨까요? 저처럼 말이죠."

한 달쯤 뒤, 제프와 그의 아내 모린은 샌 마티오^{San Mateo}에 있는 작은 집을 팔아버리고 두 아이와 애완견 한 마리를 데리고 소도시 나파로 이사했다. 새로운 집에서 VB 사무실까지 6킬로미터가 조금 넘는 거리라 막히지 않으면 출근하는 데 7분밖에 걸리지 않았다.

그런데 출근 첫날, 운전을 하던 제프는 갑자기 자신이 잘못 생각한 게 아닌가 하는 의심에 사로잡혔다. 가족 모두를 위해 한 결정이긴 했지만, 한 번도 일해보지 않은 건설업계에 적응하는 과정조차 거치지 않고 VB를 직접 경영해야 한다고 생각하니 아찔하기만 했다.

당연한 이야기지만 그가 몸담아온 첨단기술업계와 건설업계는 전혀 달랐다. 건설업계에선 모든 것이 물리적이고 물질적인 문제로 귀결되는 것처럼 보였다. 혁신적인 이론을 놓고 다투는 논쟁이나 뜬구름 잡는 계획 같은 것은 전혀 찾아볼 수 없다. 게다가 공조 장치, 목재, 콘크리트 같은 구체적인 사안들에 익숙해져야 했다.

하지만 다행스럽게도 제프는 곧 새로운 업무 방식에 익숙해졌다. 심지어 자신이 그런 방식을 더 좋아한다는 것을 깨닫게 되었다. 손에 잡히는 실질적인 사안에 대해 단도직입적으로 대화를 나누는 것은 그리 세련돼 보이지는 않지만 예전에 했던 일에 비해 훨씬 즐거웠다. 그리고 삼촌 밥에게서도 많은 것을 배웠다. 밥은 비록 대학을 나오지 않았지만, 제프가 만난 여러 첨단기술업체의 CEO보다 경영에 대해 더 깊이 있게 이해하고 있었다.

8주 동안 지켜보고 배운 끝에 제프는 나파로 이사한 것이 업무적 스트레스에 치여 살던 삶에 종지부를 찍은, 탁월한 결정이라고 생각하게 되었다.

하지만 곧 그의 생각은 섣부른 판단이었음을 깨닫게 되었다.

2장

진단

현재 상황을 객관적으로 진단하는 것은 중요
하다. 진단해야만 솔루션을 찾을 수 있고 성
장의 다음 단계로 넘어갈 수 있다. 현재 상황
을 살펴보라.

탄탄한 중견 기업 VB, 새로운 CEO를 맞다

밥은 조심스러운 사람이라고는 보기 힘든 인물이다. 그러나 아이러니하게도 이것이 VB가 잘나가게 된 여러 이유들 중 하나다. 남들은 리스크를 회피할 때 그는 대담하고 결단력 있는 결정으로 리스크에 맞서 회사를 성장시켰다. 갑작스럽게 밀어닥쳐 피할 수 없었던 경제 불황기를 제외하면 밥의 결정들은 대부분 회사에 상당한 이익을 안겨주어 VB는 줄곧 성장세를 유지해 왔다.

200명이 넘는 직원이 일하고 있는 VB는 이 지역에서 규모가 큰 기업 중에 하나다. 말단 직원부터 고참 건축 엔지니어에 이르기까지 직원들은 대체적으로 다른 회사에 비해 높은 연봉을 받았고 다양한 복리후생 프로그램의 혜택을 누리고 있다. 보너스는 해당 지역의 경제 상황과 사업의 성공 여부에 따라 매년 다르게 지급됐지만, VB에서 일하는 어느 누구도 자신이 적절한 보수를 받지 못하고 있다는 생각은 하지 않았다.

VB의 경제적 성공으로 인해 혜택을 보는 사람은 직원들만이 아니다. 밥은 자신의 가족들을 '사적 주주private shareholder'라고 불렀다. 아내와 아이들, 그리고 30여 년 전 회사를 창업할 때 도운 몇몇 형제가 VB의 지분을 일부 소유하고 있었기 때문이다. 밥의 형제 중 한 명인 제프의 아버지 역시 VB에 투자해 은퇴 후 필요한 자금을 충당할 만큼 이익을 보았다.

이직한 후 처음 몇 달 동안 제프는 건설업의 운영 프로세스를 익히는 데 전적으로 집중했다. 자재 구매, 시공 일정 수립, 인허가 취득 등 일상적인 업무뿐만 아니라 인건비 산정 같은 재무적인 업무도 배웠다. 밥은 제프가 건설업에 대한 기초적인 지식을 갖추고 회사 전체의 재무 프로세스와 신규 사업 개발과 관련된 장기 전략을 배우기까지는 몇 개월 정도 걸릴 것으로 예상했다. 제프가 회사의 장기 전략에 대해 질문할 때마다 밥은 건설 산업에 대한 기초적인 이해를 갖추고 나면 차근차근 가르쳐주겠다며 안심시켰다.

제프 역시 스스로 장기 전략을 세우고 독립적으로 회사를 경영하는 날이 그토록 빨리 오리라고는 생각하지 않았다. 물론 그 과정에서 그토록 충격적인 대화가 이뤄질 거라고 전혀 짐작하지도 못했다. 그것은 밥도 마찬가지였다.

밥, VB의 위기를 고백하다

　나파 강 인근의 고급 바비큐 레스토랑에 자리를 잡자마자 밥은 바로 본론으로 들어갔다.

"제프, 난 너를 고용해서 정말이지 무척 다행이라고 생각해."

이 말을 들은 제프는 그동안 직장 생활을 하면서 그 어떤 피드백을 들었을 때보다 기뻤다. 가족에게 들은 칭찬이라서 더 그런 것 같았다. 하고 싶은 말이 많았지만 그는 삼촌이 계속 이야기하도록 기다렸다.

"그래서 말인데, 1년이나 기다렸다가 너를 경영자로 앉히고 싶지 않아. 그 책임을 바로 맡길 생각이야."

완전히 허를 찔린 제프는 자신도 모르게 말했다. "잠깐만요. 그렇게 서두를 일이 아닌 것 같은데요. 아직 저는……."

밥은 얼굴에 미소를 띤 채 고개를 저으며 제프의 말을 잘랐다.

"아직 준비가 안됐다고 말하려고? 그건 나도 알고 있어."

제프는 혼란스러웠다.

"제프, 난 네가 그냥 준비만 하고 있길 바라지 않아. 네가 신나게 일하기를 원할 뿐이야. 약간의 긴장은 네가 일을 해나가는 데 오히려 도움이 될 거야."

삼촌의 말에 제프는 움찔했다.

"글쎄요, 지난 6개월간 많이 긴장하긴 했지만, 지금까지 그랬듯 앞으로도 즐겁게 일할 거예요. 저는 그냥 이렇게……."

"아냐. 그렇게 하긴 어려울 것 같아." 밥이 다시 제프의 말을 끊었다. 밥의 얼굴이 갑자기 진지해졌다. 그는 잠시 숨을 고르며 어떻게 말을 이어나가야 할지 생각하는 듯했다. "제프, 의사가 그러는데 내 심장이 심각한 상태래. 그냥 놔두면 안 된다고 하더라고. 의사가 한 말 중 절반도 알아듣지 못했어. 국소성 빈혈이니 협심증이니 하는 의학용어를 내가 어떻게 알겠니? 내가 아는 건 수술을 받아야 하고, 일을 그만둬야 한다는 것뿐이야. 그것도 당장."

첫 번째 위기, 밥의 심장 수술

종업원이 테이블로 다가와 주문을 받느라 대화가 중단됐다. 밥은 마음을 추스르고 드레싱을 뿌리지 않은 샐러드와 물 한 잔을 주문했다. 그런 다음 제프에게 농담을 건넸다.

"그렇다고 네가 바비큐를 주문하지 않는다면 네 엉덩이를 걷어차줄 거야."

제프는 웃으면서 그가 즐겨 먹는 바비큐 요리를 주문했다. 종업원이 멀어진 뒤 제프는 밥에게 심각한 얼굴로 물었다.

"의사가 수술을 받으면 나아질 거라고 하던가요?"

"수술이 잘되고 의사가 시키는 대로 하면 좋아질 거라고 했어. 물론 쉽지는 않겠지. 그래서 은퇴할 수밖에 없는 거야." 밥은 잠시 말을 멈췄다가 입을 열었다. "지금도 실감나지 않아. 다음 주부터 회사에 나가면 안 된다니……. 난 여전히 충격에서 헤어나오지 못한 상태야. 하지만 난 회사를 떠나야 해. 중도에 그만두는 게 전혀 익숙하지 않지만 말이야."

"언제 수술을 받나요?"

"별일 없으면 일주일 후쯤."

제프는 정신이 멍해졌다.

밥은 특유의 자신감과 유머를 잃지 않은 채 진지하고 담담하게 이야기했다.

"제프, 네가 지금 이 자리에 없었다면 이런 상황에서 어떻게 해야 할지 몰라 나는 무척 당황했을 거야."

제프는 고개를 끄덕여 삼촌의 신뢰에 고마움을 표했지만, 이 상황을 어떻게 받아들여야 할지 알 수 없었다. 다만 상황이 굉장히 좋지 않다는 것만 알 수 있었다.

두 번째 위기, 두 건의 초대형 프로젝트

제프는 본격적으로 자세한 이야기를 나눠야겠다고 생각했다.

"음, 이런 말씀을 드리기는 그렇지만, 저는 VB를 맡기에 앞서 회사의 대차대조표와 장기적 재무 상황에 대해 이야기해야 한다고 생각해요."

밥은 느리게 고개를 끄덕이더니 노트북 가방을 뒤적거렸다. "네가 필요로 할 만한 것들은 대부분 늘 가지고 다닌단다."

삼촌을 잘 아는 제프는 뭔가 문제가 있는 것 같다는 느낌이 들었다. "제가 지금껏 본 바에 따르면 회사의 경영 상태는 아주 좋은 것 같아요." 이 말은 의견이라기보다 질문에 가까웠다.

밥은 미소 지었다. 그러나 그것은 좋지 않은 소식을 전하기 직전에 상대를 안심시키기 위해 짓는 미소 같았다.

"물론이지." 여느 때와 달리 밥의 목소리에선 자신감이 느껴지지 않았다. "그런데 너에게 새로운 도전과 기회에 대해 이야기해줘야 할 것 같구나."

걱정스러운 마음을 들키기 싫은 제프는 웃으면서 말했다. "별로 유쾌한 소리는 아닐 것 같군요."

"그래. 하지만 넌 잘해낼 거야. 이쪽 일이 원래 그렇게 돌아간단다."

그때 종업원이 맥주와 물을 들고 왔다.

"자, 우리가 이야기할 도전과 기회는 어떤 건가요?" 제프가 물었다.

밥은 가방을 뒤지다가 멈추고 기쁨과 염려가 섞인 야릇한 눈빛으로 제프를 바라봤다.

"제프, 우리 회사는 얼마 전에 두 건의 대형 프로젝트를 수주했어. 엄청난 프로젝트란다. 몇 주 전에 너에게 말한 '퀸 오브 더 밸리 병원 프로젝트The Queen of the Valley Hospital project'를 월요일에 따냈어. 그리고 어제 아침에는 세인트 헬레나St. Helena에 새 호텔을 건립하는 프로젝트에 서명했지." 그는 말을 멈추고 밝게 미소를 지어 보였다. "우리 회사는 이 두 프로젝트를 모두 수행해야 돼."

제프는 혼란스러웠다. "그건 좋은 소식이지요?"

"기가 막히게 좋은 소식이지." 밥이 대답했다. 하지만 그의 목소리는 기가 막힐 만큼 좋지는 않았다.

"마지막으로 이렇게 동시에 두 건의 대형 프로젝트를 진행했던 게 언제죠?" 제프가 그저 궁금해서 물어본 말은 아니었다.

밥은 머뭇거리며 잠시 물 잔을 내려다보더니 이렇게 답했다. "바로 그게 문제란다. 우리 회사는 이 정도 규모의 대형 프로젝트를 동시에 맡아본 적이 없어. 게다가 사실 두 프로젝트는 하나씩만 봐도 우리가 그동안 맡아온 프로젝트의 규모를 크게 뛰어넘는단다."

제프의 얼굴에 흐릿하게 남아 있던 미소가 싹 사라졌다. 솔직히 그는 어찌할 바를 몰랐다. 그런데 최악의 소식은 따로 있었다.

세 번째 위기, 꼬여버린 현금흐름

제프는 심호흡을 했다. "좋아요. 삼촌을 실망시키고 싶진 않지만 말해야겠네요. 두 프로젝트 중 하나만 진행하고 나머지 하나는 포기하는 게 낫지 않을까요? 삼촌이 계속 회사를 경영하신다면 한번 도전해볼 만하지만, 저같이 경험 없는 초짜가 CEO를 맡게 된 비상 상황에서 이런 도전은 실패할 게 불 보듯 뻔해요."

밥은 고개를 끄덕이며 물 한 모금을 마셨다. "그래, 나도 알아." 제프는 마음에 담아두었던 말을 내뱉자 후련했지만, 밥의 얼굴을 보니 왠지 불안해졌다. 그의 예감은 틀리지 않았다.

애써 미소 짓던 밥의 얼굴이 딱딱하게 굳었다. "그런데 병원 프로젝트를 포기하면 우리는 엄청난 금전적 손실을 감수해야 돼. 게다가 호텔 의뢰인은 이미 선금을 지불했어. 이미 그 돈의 일부를 오크 리지 쇼핑센터Oak Ridge shopping center 건립을 마무리하는 데 써버렸지 뭐야."

제프는 온몸의 피가 머리로 확 쏠리는 것만 같았다. 그는 앞에 놓인 맥주를 병째 들이켰다. "현금흐름에 문제가 있다는 말이군요. 되돌리기엔 이미 너무 멀리 왔다는 소리고요."

밥은 고개를 끄덕였다. "그래, 맞아. 현금흐름 문제가 심각한 문제가 있어." 밥은 애써 미소를 지으며 말을 이었다. "하지만 우리가 두 프로젝트를 완수해낸다면 현금흐름 문제는 깨끗이 해결될 거야."

제프는 불현듯 삼촌의 능력이 그렇게 인정받을 만한 것은 아닌 것 같다는 생각이 들었다.

밥은 제프를 격려하려고 애썼다. "할 수 있어, 제프. 너는 나보다 똑똑하고, 나보다 젊어. 도와줄 사람도 많고."

제프는 말투를 바꿔 이렇게 말했다. "얼마나 오래전부터 그런 문제가 발생한 거죠?" 그의 목소리에선 취조하는 듯한 분위기마저 풍겼다.

"글쎄, 내가 말했듯 호텔 건립 계약은 어제 체결했고 병원 프로젝트는……."

"아니요, 제 말은 심장에 문제가 있다는 소리를 언제 들었냐는 거예요." 제프는 밥의 말을 잘랐다.

밥은 당황스러운 표정으로 말했다. "바로 어제 오후야. 최근에 좀 통증이 느껴져서 예방 차원으로 검사를 받으러 갔다가 알게 됐어." 그는 제프가 무슨 이야기를 하려는지 알았다는 듯 눈을 크게 떴다. "내가 심장에 문제가 있다는 것을 알면서도 너를 고용했다고 생각하는 거야? 제프, 내가 조금만 더 빨리 알았더라면 결코 너에게 이렇게 힘든 일을 맡기지 않았을 거란다." 감정이 격해졌는지 밥은 목멘 목소리로 말했다. "은퇴할 생각이 조금이라도 있었으면 절대로 그 두 프로젝트를 체결하지 않았을 거야. 물론 이렇게 너를 고민에 빠뜨리지도 않았겠지."

제프는 잠시나마 삼촌을 의심한 자신을 책망했다. 하지만 그는 질문하지 않을 수 없었다. "그렇다면 삼촌은 제가 이 일을 잘해 낼 수 없을 거라고 생각하시나요?"

"아니, 내 말은 그게 아니야. 나는 단지 내가 의도적으로 너를 이런 상황에 빠뜨린 게 아니라고 말하고 싶을 뿐이야. 네가 회사를 경영하기에 적합한 사람이 아니라는 뜻은 결코 아니란다. 직원을 좀 더 뽑으면 되지 않을까? 규모의 문제일 뿐이잖아. 조금만 노력하면 모든 게 다 잘될 거야."

제프는 밥의 말이 맞기를 바랐다. 하지만 그는 여전히 확신이 들지 않았다.

VB의 두 기둥, HR의 강자 '클레어'와 현장의 고수 '바비'

제프는 맥주를 그만 마시기로 했다. 회사로 돌아가 업무 시간이 끝난 뒤에도 남아 밤늦게까지 일을 해야 할지도 모르겠다는 생각이 들었기 때문이다. 밥은 두 명의 최고참 임원에게 앞으로 생길 변화에 대해 미리 알려주었다고 말하며, 점심 식사가 끝나자마자 두 사람을 만나보라고 조언했다. 제프는 고개를 끄덕였다. 그리고 회사를 경영하는 데 있어서 자신이 전권을 발휘해도 될지 물었다.

밥은 장담했다. "어떤 한계도, 어떤 제약도 없어. 무엇이든 지금 바로 시작하면 돼."

밥의 확답에 안도한 제프는 밥의 건강과 가족들에 관해 몇 마디 이야기를 나누며 점심 식사를 했다. 사업 이야기는 더 이상 하지 않았다. 식사가 끝나고 자리에서 일어나면서 제프는 잠시나마 밥을 의심한 데 용서를 구했다.

"너를 탓하지 않는단다." 밥은 제프를 안심시켰다. "네 입장이었으면 아마 나도 그랬을 거야." 밥은 미소를 지으며 제프를 바라보았다. "그거 아니? 내게 있어 최악의 경우는 앞으로 내가 너와 함께하지 못할 수도 있다는 거야." 그는 감정을 억누르려고 잠시 뜸을 들이다가 말을 이었다. "아마 이건 모를 거다. 나는 지난 몇 달 동안 과거 그 어느 때보다 정말 신나게 일했단다."

제프는 상사가 아닌 삼촌을 대하는 마음으로 밥을 포옹한 후, 무거운 마음을 안고 식당 문을 나섰다.

VB 사무실로 돌아오면서 그는 회사의 생존을 위해 고군분투하는 과정에서 그가 의지할 수 있는 유일한 버팀목이 되어줄 두 임원에게 전화를 걸어 오후에 미팅을 갖기로 했다. 자신의 미래와 희망과 관련해 제프가 VB를 포기하지 않을 수 있는 여러 이유 중 하나는 바로 클레어 매시크Clare Massick와 바비 브래디Bobby Brady, 이 두 명의 고참 임원이 있기 때문이다.

제프보다 몇 살 어린 클레어는 키가 큰 금발 여성으로 재무, 법무, 인사HR 등 회사의 행정 업무를 총괄하고 있다. VB 역사상 최초의 인사 담당 임원인 그녀는 7년 전 밥의 개인 변호사가 HR 기능이 없으면 회사를 운영하는 데 법적으로 문제가 생길 수도 있다고 설득한 끝에 마지못해 고용됐다. 밥은 당연히 회사에 도움이 되고 건설업에 관심이 많은 사람을 뽑아야 한다고 생각했다. 그는 지원자들을 인터뷰하면서 이렇게 말했다.

"저는 우리 회사 고유의 문화를 망쳐놓을 급진적인 환경보호 운동가는 뽑고 싶지 않아요."

이 말을 듣고 지원자들 중 상당수는 스스로 지원을 포기했지만, 클레어는 VB야말로 자신에게 딱 알맞은 곳이라고 생각했다. 군인인 아버지와 댄스 교사인 어머니를 둔 그녀는 대학을 졸업하고 자신의 소명을 찾기 위해 무척 애썼다. 심리학과 경영에 관심이 있기는 했지만, 한 가지 분야만으로는 사회에서 경력을 추구하는 데 충분하지 않을 거라고 생각했다. 그녀는 고심 끝에 이 두 가지를 결합시키면 HR 분야에서 두각을 나타낼 수 있다고 결론을 내렸다.

HR 담당자로 일한 처음 몇 년 동안은 끔찍하기 그지없었다. 여러 가지 관료적인 절차와 계속 이어지는 수많은 워크숍 때문에 정신이 없었다. 그러던 차에 VB에서 사람을 구한다는 소식을 듣자마자 클레어는 이직하려고 마음먹었다. 인터뷰 자리에서 밥과 20분 정도 이야기를 나눈 클레어는 마음을 굳혔다.

몇 년 전 제프는 팀을 이뤄 VB를 컨설팅한 적이 있어서 이미 클레어를 알고 있었다. 임원 워크숍에서 제프는 밥이 왜 그녀를 좋아하고, 왜 그녀에게 그토록 많은 책임을 부여했는지 금방 알아차렸다. 고맙게도 그녀는 제프의 입사를 반겼기에, 제프는 앞으로 클레어와 잘 어울려 일할 수 있을 것이라고 생각했다.

은발에 늘 미소 짓는 얼굴과 근육질 상체가 인상적인 52세의 바비 브래디는 VB의 현장을 책임지고 있다. 온화한 품성을 지닌 그는 11년 전 이 회사에 합류했는데, 직원들은 밥(밥 션리와 바비 브라운)이 두 명이라 헷갈려 했다. 그래서 직원들은 미국의 전설적인 시트콤인 〈유쾌한 브레디 가족The Brady Bunch〉에 나오는 남자아이의 이름을 따 그를 바비라고 부르기 시작했다.

밥, 아니 바비는 유머와 우아함을 발휘해 전혀 거리낌 없이 '바비'라는 별칭을 받아들였다. 얼마 있으면 그 별칭이 없어질 거라고 기대하면서 말이다. 하지만 바비는 자신도 놀랄 정도로 회사에서 불리는 새로운 이름에 빠르게 익숙해졌다. 그리고 그 이름이 자신을 놀리기 좋아하는 도급업체나 협력사와 관계를 구축하는 데 도움이 된다는 사실을 깨달았다. 그는 정직하고 부지런하며 프로젝트 일정을 엄수한다는 확실한 평판을 얻었다. 이것은 동종업체의 수많은 사람들과 구별되는 그만의 강점이었다.

사무실로 돌아가는 길에 클레어와 바비에게 전화를 걸어 밥의 방에서 모여 회의를 하자고 말했을 때, 제프는 밥이 그날 아침 그들과 식사하는 자리에서 자신의 병명과 제프의 갑작스러운 승진 소식을 전했다는 것을 알게 됐다. 제프는 그 같은 소식을 들은 지 몇 시간밖에 지나지 않은 지금, 두 사람이 경영진 개편을 어떻게 생각할지 상당히 궁금했다.

그들의 반응은 그가 예상했던 것과는 사뭇 달랐다.

유쾌 살벌한 깜짝 신고식

제프가 회사에 도착했을 무렵, 클레어와 바비는 이미 밥의 방에 와 있었다. 밥의 사무실은 회사를 설립한 이래로 쭉 그대로인 터라 아주 수수했다. 밥의 아내는 이 방을 자기 남편에게 딱 맞는 '1970년대 건설 스타일'이라고 불렀다.

제프가 사무실에 들어섰다. 그런데 커다란 나무 책상에 앉아 있는 바비의 표정이 썩 유쾌해 보이지 않았다.

"앉아요, 제프."

마치 명령 같았다.

클레어가 먼저 말을 꺼냈다. "제프, 우리가 앞에서는 웃고 뒤에서는 험담하는 사람이 아니라는 거, 잘 알죠? 우리는 당신이 좋아하든 그렇지 않든 당신에게 솔직하게 말하고 싶어요."

제프가 '물론이죠'라고 말하려는 순간, 바비가 끼어들었다. "문제는 당신이 우리의 새로운 CEO라는 게 별로 달갑지 않다는 겁니다."

제프는 움츠러들었다. 끔찍한 영화의 한 장면 속에 놓여 있는 것 같았다.

바비는 할 말을 떠올리려는 듯, 잠시 말을 멈췄다. "나는 당신의 허풍쟁이 삼촌을 위해 10년 넘게 뼈 빠지게 일했어요. 그런데 고작 이게 나에 대한 보상인가요? CEO 자리에 자기 조카를 꽂아 넣는 게?"

제프는 정신이 아득해졌다. 그는 바비의 입에서 나온 거친 말에 클레어도 놀랐는지 확인하려는 듯, 그녀에게 시선을 돌렸다. 하지만 클레어는 누가 봐도 충격받은 얼굴이 아니었다. 자신을 방어하려는 제프를 뚫어져라 쳐다볼 뿐이었다.

"잠깐만요, 나는 아무것도 알지 못했……."

바비가 말을 끊었다. "변명 따위는 듣고 싶지 않아요. 연줄이 있기 때문에 이 회사에 들어온 것 아닙니까? 밥이 은퇴를 염두에 두고 당신을 고용한 거잖아요."

"아닙니다. 밥은 자신의 병을 알게 된 게 바로 어제라고 저에게 말했어요. 그리고 그는……."

이번에는 클레어가 말을 잘랐다. "이봐요, 제프. 우리가 애송이로 보이나요?" 할 말이 남은 듯했지만 그녀는 입을 다물더니 일어서서 창 쪽으로 몸을 돌렸다.

바비는 걱정과 실망이 뒤섞인 표정으로 그녀를 바라보았다. 그는 전보다 거센 강도로 제프를 비난했다. "그래서 우리가 내린 결론은 이렇습니다. 당신이 CEO가 된다면 우리는 회사를 그만두겠습니다."

머리가 어지러웠다. 제프는 무슨 말을 해야 할지 알 수 없었다. 그때 화를 폭발시키지 않고 억누르는 클레어가 신경 쓰였는지 바비가 그녀를 슬쩍 바라봤다. 동시에 클레어를 바라본 제프는 그녀의 몸이 눈에 띄게 떨리는 것을 보았다. 설마 우는 건가? 그는 궁금했다.

"그러면 이 회사에서 당신 나름대로 잘 해보시길 빌어요, 친구!" 바비는 벌떡 일어서더니 문 쪽으로 걸음을 옮겼다. "갑시다, 클레어."

잠시 멈추는가 싶더니 클레어가 자신의 얼굴을 손으로 가리며 조금 전보다 더 심하게 몸을 떨기 시작했다. 제프는 이 상황이 정말 혼란스러웠다. 그런데 갑자기 클레어가 웃음이 터지려는 것을 억지로 참는 듯한 소리를 냈다.

"에잇, 클레어!" 바비가 자기 동료를 향해 소리쳤다.

그녀는 몸을 돌리더니 웃음을 터뜨렸다. "미안해요. 도저히 참을 수 없었어요."

"당신 때문에 망쳤어. 손발이 맞아야지, 원." 바비는 클레어를 보며 고개를 흔들었다.

그제야 제프는 두 사람이 장난쳤다는 것을 알아차렸다.

"정말 못됐군요, 두 사람!" 제프는 안도의 한숨을 내쉬었지만 마음이 쉽게 가라앉지 않았다. 그는 애써 웃으면서 테이블 위의 물병을 집어들어 바비에게 툭 던졌다.

"받아들입니다. 저희와 함께 일하시지요." 물병을 받으며 바비가 장난스레 말했다.

"미안해요, 제프." 클레어는 그녀의 새로운 상사에게 용서를 구했다. "바비가 이렇게 하라고 시켰어요."

제프는 그녀에게 농담을 건넸다. "나는 당신이 자신의 운명을 스스로 개척하는 사람인 줄 알았어요."

그녀는 어깨를 움찔했다. "밥이 우리가 이렇게 장난치는 것을 봤다면 엄청나게 화를 냈을 거예요."

"아니야, 그렇지 않아." 바비가 걸고 넘어졌다. "밥은 아주 재미있어 했을걸."

제프는 바비와 생각이 같았다. "그래요. 그는 그랬을 겁니다. 허풍쟁이니까요."

제프, VB의 새 CEO로 인정받다

　클레어는 웃고 떠드느라 산만해진 분위기를 추슬렀다. "그런데 우리 지금 이렇게 한가하게 웃고 있을 때가 아니잖아요. 일이 엄청나게 꼬였다고요."

이 말에 그들은 한바탕 크게 웃어댔지만, 잠시 후 현실의 문제를 직시하기 시작했다.

제프는 조금 우울한 표정을 지으며 물었다. "여러분은 밥의 건강이 나아질 거라고 생각하나요?"

클레어는 자신의 새로운 상사를 안쓰러운 듯 바라보았다. "당연하죠. 저는 밥의 건강이 회복될 거라고 봐요. 바비, 제프에게도 그 이야기를 해주지 그래요?"

"제 동생이 몇 년 전에 똑같은 진단을 받고 수술을 받았어요. 식이 조절을 잘하고 생활 습관을 바꾸면 그렇게 위험하지 않을 거예요." 바비는 자신의 말을 믿는지 확인하려는 듯 잠시 제프의 얼굴을 바라보았다. "밥은 반드시 괜찮아질 겁니다. 걱정 마세요."

그 말에 약간 안심됐지만, 제프에게는 또 다른 숙제가 남아 있었다.

"그런데 아까 당신들이 장난을 친 거라고 했지만 혹시 말 속에 조금이라도 진심이 담겨 있는 건 아닌가요?" 그들이 대답하기 전에 재빨리 덧붙였다. "내 말은, 여러분 중 한 명이 CEO 자리에 올라야 한다고 생각하는 건 아닌가요?" 제프는 바비를 바라보았다.

바비는 정색하며 말했다. "농담이라도 그런 말하지 마세요. 만약 밥이 나를 CEO 자리에 앉히려고 했다면 난 당장 회사를 그만뒀을 겁니다. 나는 내가 뭘 잘하는지 알아요. CEO는 절대 아니에요. 나는 현장에서 밥을 먹어야 하는 사람입니다."

클레어가 불쑥 끼어들었다. "저는 밥에게 조언하는 일을 엄청 좋아해요. CEO는 제게 어울리지 않아요. CEO는 저랑 전혀 안 맞아요."

"좋아요. 하지만 제가 그 자리에 앉을 거라는 말을 들었을 때 기분이 어땠나요?"

"글쎄요. 아무런 우려도 없었다고 말한다면 거짓말이겠죠." 무뚝뚝함과 연민이 절묘하게 뒤섞인 말투로 클레어가 말했다.

바비가 말을 받았다. "맞아요. 우리는 당신만큼이나 걱정스럽답니다, 친구. 그렇다고 우리가 당신보다 더 잘해낼 사람을 알고 있는 것은 아니에요. 지금처럼 어려운 상황에서는 당신이 가장 좋은 대안이지요."

"왜 그렇게 말하는 거죠?"

클레어가 대답했다. "우리가 잘 알고 신뢰할 수 있는 사람이 필요하기 때문이에요. 외부에서 들어와 문제를 해결해줄 영웅이 우리에게는 없죠. 당신이 해야 돼요. 가족이니까요."

"그리고 제프, 당신은 얼간이가 아니에요." 바비가 웃음기가 전혀 섞이지 않은 말투로 단언했다. "당신은 좋은 '사람'이에요. 다른 사람들의 말을 경청하죠. 당신이 우릴 구해낼 겁니다."

제프는 '당신은 얼간이가 아니에요'라는 말이 그렇게 듣기 좋을 줄은 꿈에도 생각하지 못했다. 40대 나이에 이런 칭찬을 듣고 좋아하다니! 그렇지만 그는 좀 더 밀어붙였다.

"좋아요. 고맙습니다. 하지만 중요한 질문을 던져야겠어요." 그는 잠시 분위기를 살피다 말했다. "두 분 모두 저를 이 회사의 리더로 받아들일 준비가 되었나요?"

클레어와 바비는 서로 바라보다가 제프에게 시선을 돌렸다.

"당연하죠." 바비가 분명히 말했다.

클레어도 동의했다. "저도 그래요."

제프는 안심했다. "알았습니다. 오늘 저녁 식사, 어때요?"

첫 미팅, VB의 문제를 심층 분석하다

제프와 새로운 상사를 맞이한 두 사람은 회사에서 몇 블록 떨어진 곳에 있는 마리아스Maria's라는 멕시칸 레스토랑으로 갔다. 그들은 안쪽에 자리를 잡고 테이블 위에 있는 접시와 식기를 옆으로 밀어내고 수첩을 꺼내 들었다. 평일 밤인 데다 마리아스의 음식이 특별히 맛있는 편이 아니어선지 손님이 별로 없어서 마음 편히 회사 이야기에 집중할 수 있었다.

"자, 처음부터 세부 사항에 너무 빠지지 않도록 합시다." 제프가 말을 꺼냈다. "문제를 해결하기 위해 우리가 집중해야 할 가장 중요한 사안이 무엇인지부터 찾아보죠."

바비와 클레어는 바로 대답하지 못했다. 제프는 자신의 말을 좀 더 명확히 해야 할 필요성을 느꼈다. "내 말은 재무, 인력, 자재 등 커다란 카테고리를 찾아보자는 뜻입니다."

그의 말을 이해한 듯 두 사람은 머리를 끄덕거리면서 일제히 "인력"이라고 말했다.

제프는 그들에게 자세히 설명해달라는 몸짓을 보냈다.

바비가 운을 뗐다. "무엇보다 인력을 충원해야 합니다." 그는 머릿속으로 빠르게 계산해보고는 이렇게 덧붙였다. "두 달 안에 60명 정도의 사람을 뽑아야 할 것 같군요." 그는 자신이 생각한 게 맞는지 확인하려는 듯 클레어를 바라봤다. 그녀는 한숨을 내쉬며 고개를 끄덕였다.

"어떤 직무를 담당할 인력이 필요하죠?" 제프가 물었다. "시공인력? 프로젝트 매니저? 아니면 현장감독?"

바비가 진지하게 답했다. "모두 다 필요합니다."

클레어가 덧붙였다. "그중에서도 가장 시급하게 충원해야 할 자리는 넷 정도예요. 병원 프로젝트 매니저 한 명, 현장감독 두 명, 그리고 고참 엔지니어 한 명이죠."

"현장감독은 세 명이 필요해, 클레어." 바비가 클레어의 말을 수정했다.

"맞아요. 현장감독은 세 명을 뽑아야 한다고 했죠. 그러면 다섯 명의 관리자와 직원 50명 정도가 필요하겠네요." 그녀는 목록을 살펴본 뒤 상황의 심각성을 다시 한 번 절감하고는 고개를 저었다. "정말 큰일이네요."

제프는 수첩에 그 숫자를 적었다. 그 후 30분 동안 그들은 채용해야 할 인원에 관해 이야기를 나누고 채용한 후 어떻게 배치할지 논의했다. 제프는 새로운 주제로 화제를 돌렸다.

"자, 채용 말고 다른 문제는 없나요?"

거의 두 시간 동안 그들은 인허가와 일정, 설계와 자재 등 두 거대 프로젝트의 세부 사항을 살폈다.

제프는 VB에 들어와 60일을 보내는 동안 자신이 건설업에 대해 꽤 많은 것을 배웠다고 생각했지만, 레스토랑에서 두 사람과 식사하면서 이야기를 나눈 세 시간이 지난 2개월보다 더 많은 것을 알게 되었다고 나중에 이야기했다. 그것은 마치 비상 상황에서 이루어진, 건설업 경영에 관한 집중 훈련 같았다고 제프는 말했다.

밤 9시쯤 그들은 자리에서 일어났다.

"초장부터 너무 힘 빼지 맙시다."

그들은 바비가 오크 리지 건설 현장에 갔다 오는 다음 날 오후에 다시 미팅을 갖기로 했다. 그곳은 공사가 더디게 진행되고 있는, 문제 많은 쇼핑센터였다.

든든한 외부 조력자, 가족

집으로 가는 길에 제프는 밥 삼촌의 막내 아들인 벤에게 전화를 걸었다. 밥이 제프에게 가장 친한 삼촌이듯, 벤은 제프에게 가장 가까운 사촌이다. 벤은 자기 아버지 성격을 꼭 빼닮았다. 벤은 세인트 헬레나St. Helena에 있는 고등학교에서 역사 교사이자 농구 코치로 일하고 있었다. 이제 막 40세가 됐지만, 별 볼 일 없는 자신의 팀을 매 시즌 우승 후보에 올려놓을 만큼 전설적인 코치로 알려져 있다.

제프는 벤에게 회사 문제를 언급하지 않기로 마음먹었다.

"아버지가 편찮으시다는데 어때? 괜찮아?"

벤은 크게 걱정하지 않는 듯했다. "난 괜찮아. 오히려 아버지가 앞으로 어떻게 하셔야 될지 알게 되어서 다행이라고 생각해. 의사 말처럼 나쁜 음식을 금하고 일을 멀리하고 스트레스를 줄이기만 하면 아버지는 금세 상태가 좋아지실 거야. 솔직히 나는 형이 더 걱정되는데."

"내가?" 제프는 진짜로 놀랐다.

"그래, 아버지가 물러나신 뒤 형이 어떻게 될지 모르겠어. 앞으로 형이 VB에서 일어날 일을 어떻게 대처할지도 걱정되고 말이야."

제프는 벤이 자기를 걱정해서 하는 말인지 아니면 자신의 금전적 이해 때문에 하는 말인지 잠시 헷갈렸다.

"글쎄, 쉽진 않겠지. 하지만 오늘 저녁 식사를 하면서 클레어랑 바비와 이야기를 나눴는데, 이야기를 하다 보니 우리가 문제를 해결할 수도 있을 거라는 생각이 들었어." 제프는 자신감 있어 보이려고 애쓰며 말했다.

"필요하다면 내가 도와줄 수도 있어." 벤의 목소리는 진지했다.

"나는 받을 수 있는 도움은 모두 받을 생각이야. 회사 사업에 대한 의견이나 아이디어가 있니?"

"나는 아버지의 편이 누구인지 적이 누구인지 몰라. 잘 알아둘 걸 그랬어. 하지만 형이 농구팀을 만들겠다면 언제든 나한테 말해."

제프는 웃음을 터뜨렸다. "그래, 너도 내가 삼촌과 숙모를 도울 만한 일이 있으면 언제든 알려줘."

"그럴게. 두 분을 위해 열심히 기도해줘."

"당연하지."

벤은 빙긋 웃었다. "형이 아버지를 위해 힘든 결정을 내린 것에 대해 우리 가족 모두 감사하고 있어. 회사는 우리 가족에게 매우 소중해. 단지 돈 때문이 아니야."

"그래, 알아." 제프는 밀려드는 중압감을 감추려고 애쓰면서 대답했다.

두 사람은 주중에 만나 커피를 마시기로 약속했다. 제프는 전화를 끊자마자 차를 몰았다. 그는 아내인 모린에게 지금까지 진행된 일을 직접 이야기해주고 싶었다. 그녀는 공감 능력이 풍부하고, 제프에게 항상 새로운 관점을 제시해주는 낙천적인 성격의 소유자다. 제프는 평소에 그녀의 그런 낙천적인 성격을 좋아했다. 하지만 이날 밤 제프는 조금도 걱정하지 않는 듯 보이는 아내의 모습에 솔직히 마음이 상했다.

"삼촌의 건강 문제는 나도 걱정되지만, 업무 측면에서 보면 당신에게 좋은 기회가 왔다고 생각해." 모린이 말했다.

제프는 제정신이냐는 표정으로 그녀를 바라봤다.

그녀는 자신의 말을 보다 명확히 설명하고자 했다. "들어봐. 난 이 동네가 아주 조용해서 좋아. 그리고 당신의 출퇴근 시간이 짧아져서 우리가 좀 더 많은 시간을 함께 보낼 수 있는 것도 마음에 들어. 게다가 당신에겐 도전이 필요해. 당신은 언제나 무언가에 도전해왔잖아."

"모르겠어." 그는 깊이 한숨을 내쉬었다. "회사가 집과 너무 가까워져서 탈이지."

그녀는 조금 놀란 듯한 표정을 지었다. "집안일이 문제라는 뜻이야?"

그는 고개를 끄덕였다. "직장에서의 성공이 내 가족 관계에 영향을 미칠 수도 있다고 생각해본 적은 한 번도 없어. 젠장, 이제일을 망치면 아버지도 아시게 되잖아!"

모린은 그의 걱정을 해결해주려는 듯 밝은 얼굴로 말했다. "그렇게 말하지 마. 가족들은 모두 당신을 응원하고 있어. 그 누구도 당신이 슈퍼맨이라고 생각하지 않아. 한 번에 한 가지 문제만 처리하면 돼."

반박하고 싶었지만 제프는 그녀의 말이 옳다는 생각이 들었다. 큰 그림에 지나치게 집중하다 보면 그것에 압도당해서 정작 아무것도 할 수 없게 되기 마련이다. 한 번에 한 가지 문제만 처리해도 된다면 충분히 감당해낼 수 있을 거라는 생각에 살짝 마음이 가벼워졌다. 게다가 다행히도 가장 시급하고도 가장 중요한 문제를 다음 날 회의 때 논의하기로 했다.

불협화음을 내는 현장과 심각한 인력난

제프는 오크 리지 쇼핑센터 현장에 들렀다가 출근하기로 했다. 바비와 그의 부하 직원이 그곳에 들른다는 말을 들었기 때문이다. 트레일러 앞에 차를 대는데 바비의 차가 보이지 않았다. "바비는 5분 전에 떠났어요." 트레일러 옆에 서 있던 사람이 알려줬다.

제프는 현장을 둘러보며 인부들과 인사를 나누기로 했다. 어떤 인부들이 일하는지 파악하고 싶었기 때문이다. VB에 들어와서 현장을 찾은 게 이번이 처음은 아니었다. 입사한 뒤 매주 몇 번씩 현장에 들르곤 했다. 하지만 오크 리지 현장은 이번이 처음이었다. 완공을 앞둔 곳이라 초기 단계의 프로젝트들에 비해 배울 것이 별로 없을 거라고 생각했기 때문이다. 하지만 CEO의 관점에서 현장을 둘러보면 뭔가 새로운 것을 알게 될 거라고 생각했다. 비록 아무도 그가 새로운 CEO인지 알지 못했지만.

사무실로 돌아오자 바비와 클레어가 기다리고 있었다.

"나는 당신이 오크 리지 현장에 있을 줄 알았어요." 제프가 바비에게 말했다. "몇 분 차이로 엇갈린 것 같네요."

클레어는 노트북을 꺼내더니 화면을 제프 쪽으로 돌렸다. "이거 한번 읽어보시겠어요? 잠시 뒤 발송할 이메일이에요." 그녀는 씁쓸한 표정을 지으며 말했다.

제프는 자리에 앉아 밥이 직원들에게 보내려고 쓴 이메일을 읽었다. 밥은 자신의 건강 상태가 어떤지, 자신이 VB와 직원들에게 얼마나 애정을 느끼는지, 회사를 떠나게 되어 얼마나 가슴이 아픈지 애절하게 설명했다. 글을 읽는 동안 제프의 눈에 눈물이 맺혔다. 밥은 제프를 회사의 새로운 CEO로 선임하게 되어 굉장히 기쁘다는 말도 전했다. 또한 클레어와 바비가 자기에게 개인으로서나 회사의 임원으로서 제프를 신뢰한다고 말했다는 점도 언급했다. 이메일을 다 읽은 제프는 바비와 클레어를 바라봤다. 밥은 물론 회사의 미래라는 두 가지 걱정거리를 떠안게 된 그들의 얼굴은 더 없이 울적해 보였다.

"처음에 밥은 동영상으로 메시지를 전달하려고 했어요." 클레어가 말했다. "하지만 지나치게 감상적이 되어서 말을 제대로 할 수 없을 것 같다고 하더군요."

"당신이 궁금해할까 봐 하는 말인데요, 우리가 당신을 신뢰한다는 말은 진짜랍니다." 바비는 감상적이 될까 봐 조심스러워하며 이렇게 덧붙였다.

제프는 고마움과 압박감이 교차하는 묘한 감정에 휩싸였다. 그는 이 순간을 결코 잊을 수 없을 것 같았다. 고맙게도 클레어가 침묵을 깨뜨렸다.

"자, 아저씨들. 이제 일합시다." 그녀는 심호흡을 한번 했다. "오크 리지 현장은 어떻게 돌아가고 있죠, 바비?"

"겉보기엔 괜찮았어. 그래서 회사에 일찍 온 거야. 그보다 나는 우리가 가능한 한 빨리 대책을 세워야 한다고 생각해."

제프는 자기 책상으로 자리를 옮겨 수첩을 꺼냈다. "좋아요. 직원을 채용하는 문제에 대해 이야기해봅시다." 그는 메모한 것을 보며 말했다. "8주 안에 60명을 뽑아야 한다고 했지요."

바비는 움찔 놀라며 말했다. "어, 8주라고 말하지 마요. 그냥 두 달이라고 하는 게 어때요? 그게 더 길게 느껴지잖아요. 저, 그런데 지금 이런 말하긴 좀 그렇지만, 80명을 뽑아야 할 거 같습니다."

제프는 어리둥절한 얼굴로 수첩을 다시 한번 쳐다보았다. "잠깐만요, 어젯밤에 60명이라고 말하지 않았나요?"

클레어가 나섰다. "예, 맞아요. 우리는 어제 그 프로젝트에 60명 이상의 직원을 투입해야 한다고 이야기했어요. 그런데 그러기 위해서는 최소한 80명을 신규 채용해야 할 것 같습니다."

"왜죠?"

"적어도 20명이 도중에 회사를 그만둘 테니까요."

제프는 충격을 받았다. "이직률이 33퍼센트나 되나요?"

"우리도 산수는 할 수 있어요, 똑똑한 사장님." 바비가 농을 쳤다.

제프는 클레어를 보며 말했다. "건설 회사들이 다 이 정도 이직률을 보이나요? 나는 미처 알지 못했네요."

클레어가 설명했다. "건설업계는 이직이 활발한 분야가 아니에요. 하지만 우리 회사는 다른 업체보다 이직률이 높은 편이지요."

"왜 그렇죠?"

"왜냐하면 우리 회사는 직원들에게 많은 것을 요구하거든요. 밥은 VB의 문화에 적합하지 않은 직원을 받아들이려고 하지 않아요."

"팀워크를 말하는 건가요?" 제프가 물었다.

클레어와 바비는 동시에 고개를 끄덕였다.

제프는 일단 이직률 문제에 집중하기로 했다. 그는 한숨을 쉬었다. "그렇군요. 그럼 어디에서 사람을 뽑을 수 있나요? 우선 시공 인력부터 말해봅시다."

클레어가 고개를 저으며 말했다. "그런 인력은 원하기만 하면 언제든 뽑을 수 있어요. 하청업체를 통한다든지 일용직으로 채운다든지 해서 말이죠. 비용이 좀 더 들긴 하겠지만, 지금 이 시점에 그건 별로 중요한 문제가 아니에요."

"그러면 현장감독과 프로젝트 매니저는 어떤가요?"

"음, 그쪽은 좀 힘든 상황이에요. 몇 달 전에 현장감독 두 명이 퇴사했어요. 그래서 지금 좀 문제가 있답니다."

"그래요? 어떤 문제가 있나요?"

"음, 오크 리지의 완공이 거의 한 달이나 늦어지고 있는 거 아시죠? 우리가 해결해야 할 여러 문제들에 비하면 그건 그리 심각한 것은 아니에요. 핵심적인 역할을 하던 현장감독 두 명이 그만둔 게 심각한 문제죠. 그들은 현장의 작업 조건이 지독하다면서 그만뒀어요."

제프의 표정이 심각해졌다. "지독하다고요? 그게 무슨 뜻이죠?"

"물리적으로 지독하다는 말은 아니에요. 공사의 일부를 담당한 프로젝트 매니저는 비협조적이고, 현장감독은 무작정 일을 밀어붙이는 사람이라 상황이 악화됐습니다. 그래서 현장이 한동안 아주 시끄러웠죠."

"그래서 어떻게 됐나요?"

바비가 끼어들었다. "젠장, 두 패로 나뉘어 서로를 헐뜯어댔죠. 자기네는 책임을 다하는데 상대방은 놀고먹는다고 말이에요."

"그 비협조적인 프로젝트 매니저는 어땠나요? 그 남자는 어떻게 했지요?"

"여자예요." 클레어가 답했다. "낸시 모리스Nancy Morris. 그녀는 모든 것을 무시하고 무작정 사람들에게 맡은 일을 계속하라고 지시했죠. 그래서 상황이 더욱 심각해졌답니다."

"왜 해고하지 않았죠?" 제프는 정말 궁금했다.

바비는 약간 머뭇거리며 말했다. "현장감독이 두 명이나 그만두고 나니까 인력이 부족해서 자르고 싶어도 그럴 수 없었습니다. 완전히 엉망이죠."

제프는 비난한다는 느낌을 주지 않으려고 애쓰면서 물었다. "그러면 비협조적인 프로젝트 매니저와 형편없는 현장감독을 계속 근무하게 할 생각인가요?"

"어쩔 수 없죠." 바비가 대답했다. "필요한 인력을 확보하려면요."

제프는 화를 억누를 수 없었다. "당신의 말은 우리가 작년에 그렇게 노력했던 팀워크 구축이 결국 아무 소용도 없었다는 소리군요."

클레어가 방어적으로 말했다. "잠깐만요. 그건 옳은 말씀이 아니에요. 밥은 팀워크를 구축하는 데 매우 진지하게 임했고, 우리도 그랬어요. 그는 정치적이고 자기중심적인 직원들을 데리고 일하느니 차라리 회사를 팔아치우는 게 낫다고 항상 말해왔답니다."

바비가 덧붙였다. "포스터를 붙이고 문구가 적힌 티셔츠를 입고 다니는 것만으로 직원들의 팀워크를 평가해선 안 돼요. 우리는 서로 부딪치기도 했지만 신뢰와 책임감을 바탕으로 팀워크 구축 프로젝트를 진행했어요. 당신도 컨설턴트로 참여해서 도왔으니 잘 알잖아요. 일이 바쁘게 돌아가는 바람에 조직의 깊은 부분까지 팀워크 정신을 침투시킬 시간이 없었던 것뿐이에요. 다 제 잘못입니다. 그들은 대부분 내 사업부 소속이거든요."

"저도 일찍 알아차렸어야 했어요." 클레어가 인정했다.

제프는 납득되지 않았지만 이해하려고 애썼다. "두 현장감독은 회사를 그만두고 나서 어디로 갔나요?"

"이 근처 회사에서 계약직으로 일한다는 소리를 들었어요." 바비가 설명했다. "주택 건설 현장에서요."

"그 둘은 정말 유능한 사람인가요? 그렇다면 다시 그들을 데리고 와야 하지 않을까요?"

바비는 어깨를 으쓱했다. "잘 모르겠습니다."

제프는 얼굴을 찌푸렸다. "그들이 괜찮은 직원인지 잘 모르겠다는 뜻인가요?"

바비는 머리를 흔들며 대답했다. "아뇨, 우리가 두 사람을 다시 데리고 올 수 있을지 알 수 없다는 말입니다. 그 사람들이 좋은 직원인가 아닌가는 상관없어요. 그건 제프 당신이 그들을 어떻게 평가하느냐에 달려 있다고 생각해요."

"그렇다면 팀워크의 관점에서 보면 어떤가요?" 이렇게 물으며 제프는 클레어를 바라봤다.

클레어는 어깨를 으쓱하며 답했다. "당신이 어떻게 생각하느냐에 달려 있지요. 하지만 제 생각엔 그들은 믿음직합니다."

제프는 자신의 말에 확신을 갖지 못하는 동료들 때문에 상당히 불안했다. 그냥 앉아서 기다리는 것은 사치라는 생각이 들었다.

얼간이 출입 금지, 조직 혁신의 첫 걸음을 내딛다

"좋아요. 괜찮다면 지금부터 뱅뱅 돌리지 않고 단도직입적으로 말하겠어요." 제프는 최대한 냉정하게 보이려고 애썼다.

바비와 클레어는 걱정스러운 표정으로 서로를 바라보다가 고개를 끄덕였다.

"여러분과 밥은 팀워크 프로젝트를 망쳐버리고 말았어요."

바비와 클레어는 아무런 말도 없었다. 제프는 바비를 응시하며 말했다. "당신은 포스터와 티셔츠의 문제가 아니라고 말했는데, 그렇다면 그것 말고 무엇이 있죠?" 두 사람의 답을 듣지도 않고 제프는 계속 몰아붙였다. "내가 이런 질문을 하는 것은 여러분이 팀 플레이어에 대해 제대로 알지 못하는 것 같기 때문이에요. 여러분은 누가 변화해야 하는지, 누가 회사에 남고 누가 회사를 떠나야 하는지 판단하지 못하고 있어요."

"우리는 그렇게 말하지 않았……." 클레어가 설명하려는데 제프가 말을 잘랐다.

"아, 잠깐만요. 제가 잊고 있었네요." 제프는 약간 비꼬듯 말했지만, 그렇다고 빈정거리는 것처럼 보이지는 않았다. "여러분은 의견 일치를 보이더군요. 아무도 얼간이가 아니라는 데 말이에요."

두 사람은 그의 농담에 웃음을 터뜨렸지만, 언뜻 책임감을 느끼는 듯했다. 잠시 후 바비가 놀라운 말을 했다.

"그 사람들을 얼간이나 개자식이라고 부릅시다. 그들의 사정이 어떻든 간에."

제프가 미소를 지었다. "그러면 얼간이들에 관해 이야기해봅시다. 당신은 어떤 사람이 얼간이인지 얼간이가 아닌지 어떻게 판단하나요? 어떻게 해야 얼간이들을 뽑지 않을 수 있죠?"

클레어가 먼저 답했다. "얼마 동안 같이 일해보면 알 수 있어요."

제프는 고개를 가로저었다. "예, 하지만 그때는 너무 늦어요. 얼간이를 오랫동안 데리고 있으면 어떤 일이 생기는지 아나요?"

두 사람은 대답하지 않았다. 제프는 자신이 던진 질문에 스스로 답했다. "얼간이가 아닌 직원들이 회사를 나가기 시작하죠."

그 말이 바비의 아픈 곳을 찌른 듯했다. 바비의 얼굴이 잔뜩 일그러졌다. 바비는 클레어를 보며 외쳤다.

"그래서 칼Carl과 페드로Pedro가 회사를 그만둔 거야!"

클레어가 제프에게 설명했다. "칼과 페드로는 회사를 나간 현장 감독이에요. 칼에 대해선 잘 알지 못하지만, 페드로는 절대 얼간이가 아니라고 말씀 드릴 수 있어요. 낸시와 그녀의 팀원들 몇몇은…… 글쎄요, 저도 확신이 들지 않는군요."

"여러분, 이제 문제가 뭔지 알았나요?" 제프가 물었다.

클레어가 유머러스한 제안을 했다. "우리의 새로운 슬로건을 '얼간이 출입 금지'로 정하는 게 어때요? 커다란 포스터를 만들어 붙이는 것도 좋을 것 같네요."

바비는 펜을 들어 메모하기 시작했다. "즉시 착수해야겠군요.

그런데 '얼간이'가 나을까요, '얼뜨기'가 나을까요?"

바비의 구닥다리 유머를 무시하며 클레어가 마음에 담아두었던 이야기를 꺼냈다. "알다시피 우리는 누가 적임자고 누가 적임자가 아닌지 판단할 때 그동안 전적으로 밥에게 의존했어요. 그는 사람을 평가하는 나름의 방식과 기준을 가지고 있었어요. 하지만 그라고 해서 모든 사람을 정확히 평가할 순 없었을 거예요. 사실 그 혼자 모든 직급의 모든 지원자들을 판단해서 채용 결정을 하는 것은 불가능하죠. 채용 기준이 지나치게 모호해서 제대로 적용하기도 어려웠고요."

제프는 갑자기 에너지가 솟아나는 듯했다. "그러면 이제 방법을 정해볼까요? 우리는 팀 플레이어가 아닌 사람을 채용해서는 안 됩니다. 그리고 팀 플레이어가 아닌 직원이 얼마나 많이 우리 회사에서 일하는지 파악해서 그들을 변화시키거나 내보내야 합니다."

그는 잠시 말을 멈추고 수첩을 내려다봤다. "그렇게 할 수 없다면 호텔 프로젝트와 병원 프로젝트를 앞으로 18개월 안에 마치는 건 불가능할 거예요." 그는 심호흡을 한번 하고 말을 이었다. "그리고 이런 말을 하기는 정말 싫지만, 그렇게 할 수 없다면 우리는 회사를 계속 끌고 갈 수 없을지도 몰라요."

열받게 하는 낸시 vs. 독불장군 크레이그

제프는 오크 리지 현장에 다시 가보기로 했다. 그는 클레어와 바비에게 그 이유를 이렇게 설명했다. "다른 시각을 가진 사람의 의견을 듣고 싶거든요."

현장으로 가는 길에 제프는 사촌 벤에게 전화를 걸었다. "이봐, 커피 한잔 마시자고 했던 말, 기억하지?" 그는 대답을 기다리지 않고 물었다. "다음 주 말고 오늘 오후는 어때?"

벤은 그에게 농담을 던졌다. "내가 그렇게 보고 싶어?"

"그래, 맞아. 너에게 몇 가지 물어볼 것도 있고."

"회사에 대해서?"

"정확히 그런 것은 아니지만 비슷해. 만나면 설명해줄게. 3시 30분 괜찮아?"

"4시는 어때? 근무 시간이 3시 55분까지거든."

"좋아. 고속도로 가의 A&W 레스토랑 옆에 있는 스타벅스에서 만나자."

전화를 끊으며 그는 오크 리지 현장 앞에 주차했다. 제프는 현장이 가까워서 다행이라고 생각하며 차에서 내렸다.

건설 현장의 인부들은 다른 직장인들보다 일찍 일을 시작하기 때문에 점심도 더 일찍 먹는다. 이제 막 정오를 지난 시간이지만 모든 인부가 현장에 투입돼 바쁘게 일하고 있었다. 제프는 트레일러로 가서 누가 있는지 살펴봤다. 낸시 모리스가 휑한 트레일러 구석에서 임시로 가져다 놓은 책상에 앉아 종이를 뒤적이고 있었다.

"실례합니다." 제프가 인기척을 냈다.

낸시는 고개를 들어 제프를 바라볼 뿐, 아무 말도 하지 않았다.

"안녕하세요. 저는 제프입니다."

그녀는 그가 시멘트 제공업자인 줄 알았던 모양이다. 제프의 인사에 그를 알아본 듯했다.

"아, 알아요. 회사 사무실에서 한번 만났죠? 들어오세요." 책상 한쪽에 놓인 접이의자를 가리키는 낸시의 얼굴에는 엷은 미소조차 없었다. "원하신다면 승진 축하는 해드리지요."

"여기가 아니라 다른 자리에서 축하를 받았으면 좋았을 텐데, 아무튼 고맙습니다."

"뭘 도와드릴까요?" 낸시가 무뚝뚝하게 물었다.

제프는 '음, 저는 당신이 얼간이인지 아닌지 궁금할 뿐이에요.' 이렇게 말하고 싶었지만 머릿속으로만 생각했다. 대신 그는 서서히 다가가기로 했다. "여기 일은 잘 진행되고 있나요?"

낸시는 서류에 코를 박은 채 대답했다. "글쎄요. 당신이 보기 나름이겠죠."

제프는 그녀의 퉁명스러운 태도에 약간 놀랐다. 이전에 일하던 첨단기술 분야에서는 경험해본 적 없는 상황이라 조금 위축되기도 했다. 제프와 비슷한 또래로 보이는 낸시는 매력적인 여성으로, 제프보다 30센티미터 정도 키가 작았다. 그녀는 마치 레슬러 같았다. 몸집이나 힘 때문이 아니라 터프함과 자신만만함이 뒤섞인 태도 때문에 그렇게 보였다. 제프는 약하게 보여서는 안 되겠다는 생각이 들었다.

"음, 우선 첫째로, 새로운 데드라인을 맞출 수 있다고 얼마나 확신하나요?"

"제 담당 부문은 잘 돌아가고 있습니다. 그 질문은 크레이그에게 하셔야 될 것 같네요. 그는 조경과 시설을 담당하는 프로젝트 매니저예요."

"당신은 그의 업무 진행 상황에 대해 모르는가 보군요."

낸시가 고개를 흔들었다. "그렇죠, 뭐. 최근 들어 그를 본 적도 없으니까요."

제프는 대화를 끝내고 싶은 마음이 굴뚝같았지만 꾹 참고 계속 말했다. "낸시, 당신은 프로젝트 전체를 파악하고 있어야 하지 않나요? 데드라인을 맞추지 못한다면 어떤 한 부문이 잘 돌아간들 무슨 소용이 있나요?"

낸시는 고개를 들더니 한숨을 쉬며 말했다. "이봐요, 크레이그는 나를 더 이상 자기네 회의에 부르지 않아요. 그래서 나는 이렇게 책상에 코를 박고 뼈 빠지게 일하고 있다고요. 그러니 그냥 그러려니 하세요. 나는 진짜로 이 프로젝트를 기간 내 마치고 싶지만, 정말이지 모든 게 끔찍하네요. 결과가 어찌 됐든 간에 이 프로젝트가 빨리 끝나버렸으면 좋겠어요. 무책임하다고 비난할 수도 있지만, 이것이 지금 내가 처한 현실입니다."

제프는 그녀가 솔직히 자기 감정을 쏟아낸 것이 내심 반가웠지만, 그녀의 말투가 여전히 크게 거슬렸다.

"어디로 가면 크레이그를 만날 수 있나요?"

그녀는 고개를 저었다. "몰라요. 주차장 정문 너머에 있을지도 모르겠네요. 한 시간 전쯤 그가 거기에 있는 걸 봤거든요."

제프는 적절한 시점이 되면 낸시의 문제를 해결해야겠다고 생각하며 자리를 떴다. 하지만 그 시점이 바로 그날이 될 줄은 몰랐다.

제프는 멀리 서 있는 사람을 보고 크레이그가 누구인지 단박에 알아봤다. 아이들이 같은 학교에 다니고 있고, 몇 주 전에 열린 '세인트 메리 교구 자선의 밤' 행사에서 맥주 몇 잔을 함께 마시기도 했다. 크레이그는 자신에게 다가오는 제프를 보고는 정문 근처에 같이 서 있던 일꾼 무리에서 빠져나왔다.

"아, 하루에 두 번씩이나 오시다니요." 크레이그는 빙긋 웃으며 말했다. "별일 없는 거죠?"

제프는 자신을 반겨주는 크레이그를 보자 기분이 좋아졌다. "네, 별일 아닙니다. 그냥 모든 게 잘 돌아가고 있는지 알고 싶어서요." 그는 갑자기 좀 더 직설적으로 말해야겠다는 생각이 들어서 이렇게 고쳐 말했다. "사실 아무 일도 없는 건 아니지만요."

크레이그는 걱정스러운 표정을 지었다. "제가 무엇을 도와드릴까요?"

"조금 전 낸시와 이야기를 나눴는데, 당신들에게 뭔가 문제가 있는 것 같더군요." 크레이그가 반박할 틈을 주지 않으려고 제프는 곧바로 말을 이었다. "몇 달 전 현장감독이 회사를 나간 사실을 알고 있어요. 바비가 말해줬거든요. 당신의 의견이 궁금해요. 그리고 당신과 낸시가 왜 서로 반목하는지도 알고 싶고요."

크레이그는 이맛살을 찌푸렸다. "솔직한 답을 듣고 싶은 거죠?"

"누군가 솔직하게 말하지 않았다는 뜻인가요?"

"전 그렇게 생각합니다." 크레이그는 미소를 지으며 말했다. "정치적인 답변을 원하세요, 아니면 바로 본론으로 들어가길 바라세요?"

"물론 본론이죠."

"좋아요. 그 여자에겐……." 그는 주차장 건너편의 트레일러를 가리키며 말했다. "심각한 문제가 몇 가지 있어요. 건물을 짓는 데 자기가 최고라고 생각하는 모양이에요. 물론 그건 저도 인정해요. 하지만 그녀는 함께 일하기 쉽지 않은 사람입니다. 그 누구와도 말이에요."

제프는 아무 말 없이 듣기만 했다. 크레이그는 계속 말했다.

"그녀는 자기 부하 직원 둘이 퇴사한 게 제 부하 직원들 때문이라고 비난하더군요. 하지만 그건 잘못된 생각입니다. 그녀 자신이 바로 원인이거든요. 완공 일정이 늦춰질까 봐 퇴사한 두 사람을 우리가 엄청 밀어붙인 건 사실이에요. 하지만 저는 두 사람 모두 그녀를 감당할 수 없었기 때문에 퇴사한 거라고 생각해요. 이런 말까지 해도 될까 싶지만…… 그녀는 마귀할멈 같아요."

제프는 웃지 않았다. "마귀할멈 같다는 게 무슨 뜻인지 모르겠네요, 크레이그. 좀 더 구체적으로 말해줄래요?"

"그녀는 사람들을 말 그대로 돌아버리게 만들어요. 그녀가 말하는 방식이나 버릇, 그리고 얼굴 표정 모두 그래요. 젠장, 공급업자들도 그녀를 상대하는 것을 버거워한다니까요."

"그래서 그녀를 당신네 회의에 부르지 않는 건가요?"

크레이그가 웃었다. 어이없어 하는 듯한 웃음이었다. "그녀가 그렇게 말하던가요?"

제프는 고개를 끄덕였다.

"저는 그녀에게 우리 회의에 참석하지 말라고 말한 적이 없습니다." 크레이그는 단호하게 말했다. "그저 사람들을 열받게 만들 거면 참석하지 말라고 했을 뿐입니다. 그랬더니 그 후로 나타나지 않더군요."

"그녀가 고의로 그렇게 행동한다고 생각하나요?" 제프는 목소리를 높여 물었다.

크레이그는 한숨을 쉬었다. "모르겠어요. 하지만 다른 사람들을 불편하게 만드는 데 도가 튼 사람이 자기도 모르게 그렇게 행동한 건 아닐 겁니다."

"당신은 어떤가요?"

크레이그는 무슨 뜻인지 이해하지 못한 듯 반문했다. "무슨 말씀인가요?"

"당신은 그녀를 돌아버리게 만들지는 않았나요?"

그는 대답하기 전에 잠시 생각에 잠겼다. "모르겠습니다. 다만 저는 그녀의 그런 태도가 참기 힘들었어요. 관계를 회복하기 위해선 낸시가 회의에 참석하지 않았을 때 바로 그녀와 마주 앉아 이야기를 나눴어야 했지만, 사실 그렇게 하고 싶지 않았어요."

"하지만 기술적인 관점에서 볼 때 그녀가 유능한 사람이라고 말하지 않았나요?"

"그건 그렇죠." 그는 고개를 숙였다. "그녀는 어떻게 해야 일을 마칠 수 있는지, 어떻게 해야 일을 체계적으로 처리할 수 있는지 정말로 잘 아는 사람이지요."

"자존심이 강한 편인가요?"

크레이그는 뜻밖의 질문에 놀란 표정을 지으며 머리를 긁적였다. "알다시피 그녀는 큰 골칫거리입니다. 하지만 그녀가 독선적이라거나 자기중심적이라고 말하긴 어려울 것 같네요. 정말

이상한 일이죠? 하지만 말씀드렸듯, 그녀 자체가 문제의 원인입니다. 그것을 본인이 알든 모르든 말이에요."

'그걸 본인이 알든 모르든'이라는 말이 제프의 머릿속에 탁 걸렸다. 30분 전까지만 해도 혼란스러운 감정에 휩싸여 있던 제프는 새로운 에너지를 얻은 듯한 느낌이었다. 예전에 컨설팅을 할 때 이런 느낌을 받곤 했다. 마치 범죄 사건을 해결할 실마리를 찾아낸 탐정 같은 기분이 들었다. 나중에 돌아보면 그리 심각한 일이 아닐 수도 있지만 말이다. 그는 그러기를 바랐다.

킴과 코디, 면접의 형식성을 꼬집다

사무실로 돌아온 제프는 바비와 클레어가 회의하고 있는 걸 보았다. 그는 두 사람에게 입 모양으로 "다 끝나면 내 방으로 와주세요"라고 말했다. 두 사람은 고개를 끄덕였다. 그러고 나서 제프는 VB에서 발생한 다른 여러 문제를 이해하는 데 도움이 될 만한 것이 있는지 찾아 나섰다. 대형 휴게실에 들러 냉장고에서 마실 것을 꺼내 든 그는 커다란 원형 테이블에 앉아 늦은 점심을 먹는 몇 명의 행정 직원을 발견했다. 제프는 입사 후 실시한 사내 교육 과정에서 그들과 안면을 텄다. 그는 그들이 도움되는 말을 해줄 것이라고 생각했다.

"옆에 앉아도 될까요?"

그들은 흔쾌히 자리를 내주었다.

제프는 닥터 페퍼 병을 딴 다음 단도직입적으로 물었다.

"여러분에게 질문이 있는데요."

직원들은 무슨 질문인지 궁금한 표정을 지었다.

"요즘 채용 상황에 대해 여러분은 어떻게 생각하나요?"

클레어가 관할하는 HR 부서에서 리셉션과 행정 업무를 맡고 있는 킴Kim이 되물었다. "절차를 말씀하시는 건가요?"

제프는 어깨를 으쓱했다. "절차, 효과성, 전반적인 채용 만족도 등 뭐든지요."

제프는 그들이 솔직하게 말하는 것을 망설인다는 인상을 받았다. 자기 상사의 평판에 악영향을 줄까 봐 염려하는 듯했다.

"마녀사냥을 하자는 게 아니에요. 나는 문제를 바로잡기 위해 클레어와 바비랑 함께 머리를 모으고 있답니다. 우리는 가능한 한 모든 사람이 툭 터놓고 솔직하게 말하기를 원해요. 그러니 망설이지 마세요."

재무 관리자인 코디Cody가 먼저 나섰다. "지금 여기 있는 직원들 중 제가 근속연수가 가장 짧습니다." 그는 테이블을 둘러보며 말했다. 다른 사람들은 그의 말에 동의하듯 고개를 끄덕였다. "그래서 제가 신규 채용자의 관점에 가장 근접한 시각을 가지고 있을 것 같군요. 저는 채용 절차와 방식이 아주 좋다고 생각해요."

"아주 좋다는 게 정확히 무슨 뜻인가요?" 제프가 물었다.

"모든 사람이 친절하고 전문적이었어요. 여기에서 일하고 싶게 만들 만큼요. 정말 그랬습니다."

"면접 때 면접관들이 던진 질문들은 어땠나요?"

코디는 기억을 더듬었다. "아주 표준적인 질문이었습니다. 어떤 업무를 경험했는가, 장점과 약점은 무엇인가 같은 질문이었죠."

"문화적인 적합도나 태도, 이런 것과 관련된 질문은 없었나요?"

코디는 소소하지만 말하고 싶은 것이 있는 듯한 표정을 지었다. "잘 기억나지 않지만, 몇몇 면접관이 제가 팀워크를 소중하게 여기는지 알고 싶어 했어요."

"그들이 무슨 질문을 했지요?"

코디는 기억을 더듬는 듯 이맛살을 찌푸렸다. "제 생각에 그들은 제가 정직하고 수용적인 사람인지 알고 싶어 했습니다."

그때 킴이 끼어들었다. "저는 채용 관련 서류를 정리하는 일을 도왔어요. 면접관들은 상호 신뢰나 건전한 갈등에 대해 지원자들이 얼마나 잘 대처할지 질문하기로 되어 있었어요."

코디는 이제 기억이 떠오른 모양이었다. "그래요, 면접관들은 제가 결과 지향적인지 알고 싶어 했어요. 업무적으로 어려움에 부딪쳤을 때 과거에 어떻게 처리했는지도 물어봤어요."

기대한 것 이상의 성과였다. 제프는 클레어와 바비를 칭찬해야겠다는 메모를 수첩에 적었다. 이때 두 임원이 휴게실로 걸어 들어왔다. 생각보다 빨리 칭찬할 타이밍을 찾은 것이다.

"여기 있었군요." 바비가 말했다. "당신 방에 갔더니 없어서 이 리로 왔어요."

"미안해요. 당신들 몰래 채용 과정에 관해서 뒷조사를 해보고 있었어요."

테이블에 앉아 있는 사람들이 모두 웃었다. 조금 불안해하는 듯 한 웃음이었다.

"혹시 나를 욕하진 않았지?" 클레어는 킴을 바라보며 말했다.

제프가 대신 답했다. "웬걸요. 당신이 자리를 자주 비운다고 말 하더군요. 그래서 행정 업무를 모두 떠맡고 있다고 말이죠."

회사 내 자신의 위치에 비해 과감하게 행동한다는 평을 받는 킴 은 냅킨을 뭉쳐 제프에게 던지며 항의했다. "제가 언제 그렇게 말했어요!"

클레어는 웃으면서 제프에게 물었다. "그래, 뭐 좀 건지셨 나요?"

"글쎄요, 당신은 포스터나 티셔츠 같은 것 말고도 팀워크와 관 련된 일을 많이 했던 것 같던데요."

코디는 풀 죽은 척하면서 말했다. "어, 저는 팀워크 포스터를 만 져본 적도 없어요. 사람들이 보트의 노를 젓고 있는 그림을 갖 고 싶었는데……."

바비가 거들었다. "여러 사람이 손에 손을 잡고 원을 그리고 서 있는 그림도 있었지."

제프는 회사 내의 냉소적인 분위기가 임원 그룹보다 직원들 사이에서 더 심하다는 걸 느꼈다.

클레어가 재촉했다. "그래서 뭘 알아냈냐고요!"

제프는 대답하기를 망설였다. 비판적인 직원들 앞에서 뭔가를 말하기가 꺼려졌다. 하지만 그는 과감하게 말을 꺼내기로 했다. "음, 알다시피 우리 회사가 팀을 중요시하고 팀 플레이어를 채용하려고 하지만, 정작 우리는 팀 플레이가 무슨 뜻인지조차 알지 못하는 것 같아요. 팀 플레이? 그건 나한테 터무니없는 소리처럼 들립니다."

자신의 말을 뒷받침하려는 듯 제프는 코디에게 물었다. "면접관들이 상호 신뢰와 갈등에 관해 질문했을 때 뭐라고 답했나요?"

코디는 어깨를 으쓱거리며 웃었다. 조금 쑥스러운 듯했다. "글쎄요, 저는 신뢰할 만한 사람이고 논쟁을 피하지 않는다고 답했던 것 같습니다."

제프는 고개를 끄덕이면서 비꼬는 듯한 질문을 던졌다. "그런 질문에 '저는 신뢰하기 어렵고, 잘못을 받아들이지 않고, 분노조절장애가 있습니다'라고 대답할 사람이 과연 있을까요?"

모두들 크게 웃었다. "그리고 저는 도끼 살인마입니다"라고 바비가 덧붙이자 웃음소리는 더 커졌다.

클레어가 설명했다. "자, 지원자들이 어떤 대답을 하느냐는 핵심이 아니에요. 면접 중에 지원자들이 어떤 방식으로 말하고 어떻게 행동하느냐가 중요하지요."

제프는 지나치게 밀어붙이거나 비판적으로 행동하지 않기로 했다. "당신 말이 맞아요, 클레어. 나도 동의합니다. 나는 그저 우리가 찾아야 하는 것을 정말로 잘 알고 있는지 궁금할 뿐이에요. 우리가 그간 꾸준히 추구했던 팀워크를 보여줄 지원자를 과연 잘 가려내고 있었을까요?"

클레어는 어깨를 으쓱했다. 제프의 지적을 수긍하는 듯한 몸짓이었다.

제프는 사람들에게 시간을 내 이야기를 들려줘서 고맙다고 말했다. 그런 다음 바비와 클레어에게 밥의 방으로 가자고 말했다. 이제 자신의 방이 되었는데도 제프는 여전히 그곳을 그렇게 불렀다.

3장

발견

지금 조직의 문제점은 무엇인가? 현재 조직
에서 꼭 필요한 것은 무엇인가? 현재 조직에
필요한 정신은 무엇이며, 필요한 사람은 누구
인지 발견하라.

조직 회생의 첫 걸음, 얼간이를 가려내라

사무실에 들어와 자리에 앉기도 전에 제프는 이렇게 운을 뗐다.

"팀워크를 회복시키는 것이 인력 채용뿐만 아니라 모든 문제를 해결할 열쇠라는 확신이 드네요."

바비가 바로 답했다. "전적으로 동의해요. 채용 담당자들이 바로 움직이도록 해야겠군요, 클레어."

"잠깐만요." 제프가 끼어들었다. "나는 팀워크를 회복시키는 일이 직원을 80명 채용하는 일보다 훨씬 어려울 거라고 생각해요." 클레어가 그의 의견에 동의 혹은 반대하기 전에 제프는 재빨리 말했다. "작년에는 모두 몇 명을 채용했나요? 20명?"

클레어가 그의 말을 정정했다. "거의 30명입니다."

제프가 말을 받았다. "그렇겠군요. 20명을 확보하려면 30명을 뽑아야죠. 이직률 때문에 말이에요."

클레어는 고개를 끄덕였다.

제프는 그녀에게 다음 질문을 던졌다. "좋아요. 만약 필요 인력의 두 배 이상을 뽑는다면, 우리가 훌륭한 팀 플레이어를 더 잘 확보할 수 있을까요, 그렇지 않을까요? 어떻게 생각해요?"

그녀는 잠시 생각하더니 이렇게 답했다. "글쎄요, 더 잘 확보할 수는 없을 것 같아요. 인원수가 많아지면 생각도 제각각일 테고, 문제도 더 많이 발생할 테니까요. 긍정적으로 생각하고 싶지만, 아마 팀 플레이어를 확보하는 게 좀 더 어려워질 것 같아요."

바비가 이해했다는 듯 고개를 끄덕였다.

제프가 말을 이었다. "어쨌든 우리는 그동안 60명의 직원을 확보하려면 90명이나 100명을 채용해왔다는 거죠? 맞나요?"

클레어와 바비가 얼굴을 찌푸렸다.

"에이, 여러분, 그냥 가정입니다."

클레어는 동의하며 한숨을 내쉬었다. "네, 그렇다고 봅니다."

"음, 기준을 조금 바꿔야 할 것 같네요." 바비가 제안했다. "덜 까다롭게 굴어야 할 것 같아요. 다른 사람과 잘 어울리지 못한다는 이유로 사람들을 배제할 만큼 우리 형편이 좋지는 않으니까요."

클레어는 고개를 저었다. "안 돼요. 그렇게 하면 오크 리지 같은 경우가 더 많아질 거예요. 학교 리모델링 건처럼 말이에요."

제프가 얼굴을 찌푸리며 물었다. "학교 리모델링 건이라니요?"

바비는 한숨을 내쉬더니 설명했다. "재작년에 캘리스토가 Calistoga에 있는 고등학교 한 곳을 리모델링하는 사업을 수주했어요. 별것 아닌 프로젝트 같지만, 사실 규모가 상당히 큰 사업이었어요. 그런데 공사 도중에 핵심 엔지니어 한 사람이 회사를 그만두었습니다. 밥이 최악의 엔지니어를 해고하지 못하도록 했기 때문이었지요."

"잠깐만요." 제프가 물었다. "밥은 형편없는 팀 플레이어를 두고 보지 않았다고 당신이 말하지 않았나요?"

클레어가 바비를 바라봤다. 마치 '제프에게 말해도 될까?'라고 묻는 듯한 표정이었다. "음, 밥은 그런 직원을 용납하지 않았어요. 하지만 안쓰럽게 느껴지거나 개인적으로 잘 아는 직원에게는 마음이 약해지곤 했어요. 그는 때때로 방아쇠를 당기기가 너무 힘들다고 말했답니다."

"학교 프로젝트는 어떻게 마무리되었나요?" 제프는 모든 것을 자세히 알고 싶었다.

그 일을 설명하는 바비는 여전히 화가 난 것처럼 보였다. "그 핵심 엔지니어는 회사를 나가 조그만 회사를 차렸답니다. 빈자리를 메우느라 저는 눈코 뜰 새 없이 일해야 했어요. 하지만 그 멍청한 엔지니어와 함께 일해야 했던 것보다 반의 반도 힘들지 않았어요."

"그래서 어떤 교훈을 얻었나요?" 제프가 물었다.

바비는 당황한 듯 눈알을 굴렸다.

"크게 말씀하세요, 바비 브래디." 클레어가 장난스러운 말투로 그를 채근했다.

3000만 달러 규모의 건설 회사를 이끄는 사업 부장이라기보다는 일곱 살짜리 꼬마 아이처럼 기어들어 가는 목소리로 바비는 클레어의 명령을 따랐다. "얼간이를 내보내지 않은 결정은 옳지 않았습니다."

제프는 자세를 고쳐 앉았다. "알다시피 나는 얼간이들을 솎아낼 방법을 찾을 수만 있다면 회사의 여러 가지가 엄청나게 바뀔 거라고 생각합니다."

"얼간이들을 내보내고 그 자리를 채우려면 더 많은 직원을 뽑아야 할 텐데요?" 클레어가 상기시켰다.

제프는 고개를 저었다. "난 그렇게 생각하지 않아요, 클레어. 진정한 팀 플레이어와 일한다면 좀 더 적은 인원으로 더 많은 일을 해낼 수 있을 겁니다. 내 자리를 걸고 말할 수 있어요."

그는 두 사람에게 생각할 시간을 주기 위해 잠시 말을 멈췄다.

"우리가 작년에 의견을 나누면서 수립했던 팀워크 구축 방안이 얼마나 간단한지 생각해봐요. 상호신뢰, 건전한 갈등, 몰입……."

"하지만 해야 할 일이 두 배가 되면 어떡하죠?" 바비가 반박했다. "호텔 프로젝트는 팀워크 구축과는 성질이 전혀 다르다고요."

"말도 안 되는 소리 하지 마요." 제프가 답했다. "서로 손잡고 껴

안고 쓰러지는 사람을 잡아주자는 이야기가 아니에요. 직원들이 프로젝트를 수행하다가 실수할 경우, 그것을 스스로 인정하도록 만들자는 이야기예요. 또한 서로 공격하거나 상처를 주지 않으면서 자신의 업무를 수행할 올바른 방법을 도출해내도록 토론하게 만들자는 거죠. 업무에 몰입하고 책임감을 갖도록 하고 말이에요. 우리는 이런 것을 직원들에게 가르쳐야 해요." 제프는 흥분했는지 쉬지 않고 말했다. "이봐요, 바비. 작년에 내가 당신들 둘을 팀워크 프로젝트에 참여시켰을 때 개떡 같은 조치라고 생각하지는 않았나요?"

바비는 고개를 저으면서 말했다. "아뇨, 나는 정말 타당한 조치라고 생각했어요."

"그래서 어떤 변화가 있었나요?" 클레어가 과장된 목소리로 물었다.

"그것이 바로 내가 여러분에게 묻고 싶은 거예요." 제프가 덧붙였다.

클레어와 바비는 서로를 바라봤다.

바비가 변명하듯 말했다. "매일 발밑의 불을 끄느라 정신이 없었어요."

클레어가 고개를 끄덕였다.

제프가 말을 받았다. "정말 그랬을 거라고 생각해요. 하지만 지금 그 말은 VB의 문화에 부적합한 직원들과 핵심 직원들을 모두 데리고 있었다는 뜻일 수도 있을 것 같네요." 그는 조금 뜸을 들였다. "그리고 채용 과정에서 얼간이들을 배제시키지 않았을 거라는 생각이 드는군요."

클레어가 갑자기 눈을 크게 뜨더니 바비를 바라봤다. "이런! 우리는 얼간이들이 더 많은 얼간이들을 채용하도록 만들었군요." 그들은 침묵했다. 그녀의 말이 무엇을 뜻하는지 곰곰이 생각하는 듯했다.

"질문이 있어요." 바비가 침묵을 깨며 말했다. "밥처럼 팀워크를 중요시하는 사람이 팀 플레이어가 아닌 친구들을 배제시켜야 할 때 왜 그리 마음이 약해졌을까요?"

제프는 주저하지 않고 답했다. "왜냐하면 그는 자신이 좋은 사람이라고 생각하니까요. 그런 직원들을 계속 데리고 있는 것이 우리 조직은 물론 문제가 된 당사자에게도 얼마나 잔인한 일인지 알았더라면 그는 방아쇠를 바로 당겼을 거예요."

"잔인하다고요?" 바비는 그의 말을 이해하지 못한 듯했다.

"그래요. 한번 생각해봐요." 제프가 설명했다. "회사에서 가장 불행한 직원은 조직 문화에 적합하지 않은데도 그냥 회사를 다니는 사람입니다. 그런 직원들은 소속감을 느끼지 못해요. 솔직히 회사를 다니기 싫었을 거예요. 한마디로 모두에게 불행한 일이죠."

"그러면 우리가 얼간이들을 모두 해고해야 한다는 말인가요?"

클레어가 받아쳤다. "그것 역시 잔인한 것 같은데요."

제프는 반박했다. "내 말은 그런 뜻이 아니에요. 물론 직원들을 한꺼번에 자를 순 없죠. 하지만 누가 얼간이인지 파악해야 그 직원에게 회사를 계속 다닐 수 있는 유일한 방법은 얼간이 짓을 그만두는 거라고 말할 수 있지 않겠어요? 좀 더 건설적으로 말한다면, 팀 플레이어가 되어야 회사를 다닐 수 있다고 일러줄 수 있겠죠. 그러면 그들은 십중팔구 둘 중 하나를 택할 거예요. 자신의 행동을 변화시키고 그렇게 이끌어준 당신에게 고마워하거나, 아니면 스스로 회사를 떠나겠죠. 어떤 경우든 그 직원은 구제받는 겁니다."

"만약 그들이 아무런 행동도 취하지 않으면요?" 바비가 물었다.

"글쎄요, 그러면 클레어와 변호사가 해고 사유서를 작성해야겠죠. 하지만 날 믿어요. 그런 경우는 당신이 생각하는 것보다 많지 않을 테니까요. 그들이 마음 놓고 행동하도록 놔두지 않는 한 말이에요."

바비와 클레어는 기본적으로 제프의 말에 동의하는 듯했다. 하지만 클레어는 아직 석연찮은 구석이 있는 모양이었다. 그녀는 다시 질문을 던졌다.

"그러면 무엇부터 시작해야 할까요?"

제프가 미소를 지었다. 두 사람이 자신의 말을 명확하게 이해한 것 같자 제프의 목소리엔 힘이 붙었다. "우선, 진정한 팀 플레이어를 가려내는 법을 알아내야 해요. 신뢰를 잘 구축하고, 건전한 갈등을 받아들이고, 업무에 깊이 몰입하고, 자신의 행동에 책임 질 줄 알고, 팀의 성과에 집중할 수 있는 그런 직원 말이에요. 그 다음에는, 팀 플레이가 될 수 없는 사람을 채용하지 말아야 합 니다. 마지막으로, 얼간이처럼 구는 직원들이 자신의 행동을 변 화시키거나 다른 회사로 이직하도록 만들어야 합니다." 제프는 말을 멈추고 벽에 붙어 있는 커다란 달력을 올려다봤다. "이 모 든 것을 앞으로 4주 안에 완료해야 합니다." 그러다가 바비의 말이 생각났는지 제프는 바비의 얼굴을 힐끗 바라보며 덧붙였 다. "내 말은 1개월 내라는 뜻이에요."

바비는 웃음을 터뜨리며 클레어를 바라보았다. "당신이 하겠다 면 나도 하겠어."

"우리에게 선택의 여지가 있나요?" 그녀가 반문했다.

갑자기 바비가 뭔가 깨달은 듯한 표정을 지었다. "이런, 그런데 우리가 얼간이라면 어떻게 하죠?"

제프가 빙긋 웃으며 답했다. "그럼, 거기서부터 시작해볼까요?"

평가의 잣대는 조직 상층부부터

제프는 허비할 시간이 없다고 생각했다.

"좋아요. 나는 여러분이 얼간이가 아니라고 진심으로 확신해요. 그리고 나도 얼간이가 아니길 바라고요. 그런데 만약 우리가 모두 얼간이라면, 뭐 그냥 같이 망하는 거죠."

그들은 크게 웃었다.

"우리는 이 모든 것에 책임이 있기 때문에 우리 모두가 공통적으로 지니고 있는 것이 무엇인지, 밥이 우리를 선택한 이유가 무엇인지 찾아내야 합니다. 팀워크와 관련해서 아마도 무언가가 있을 거예요."

그들은 해답이 갑자기 눈앞에 나타나기라도 할 것처럼 서로를 바라보았다.

제프는 두 사람에게 더 많은 질문을 던져서 답을 유도하려고 했다. "이곳이 일하기 좋은 곳이라고 생각하는 이유는 무엇인가요? 밥과 면접했을 때를 떠올려봐요. 직장 생활을 하면서 만난 여러 회사의 사장들과 그가 어떻게 달랐나요?"

바비가 먼저 나섰다. "글쎄요, 그런 질문은 별로 도움이 안 될 것 같아요. 밥은 분명히 얼간이가 아니거든요."

제프가 한숨을 내쉬었다. "좋아요. 하지만 그가 적어도 '얼간이 클럽'에 가입할 만한 사람이 아니라는 이유가 있을 거 아니에요?"

"그는 진지하지 않아요." 클레어가 설명했다. "밥은 항상 농담을 즐겼어요. 무엇보다 자신에 대한 농담을 즐겼지요."

바비가 끼어들었다. "정말로 밥을 좋아하기로 결정한 날을 또렷이 기억해요. 입사한 지 3~4일째 되는 날, 그와 나는 방문객 센터를 건설 중이던 트리니티 빈야드Trinity Vineyard에 갔어요. 밥은 진입로에 놓여 있는 돌들이 투스카니산인지 칼라브리아산인지 몰라 전전긍긍하던 부자 고객을 진짜로 잘 다루더라고요."

바비는 말을 멈추고 그 순간을 머릿속에 되새겼다. "밥은 참을성 있게 그 남자를 상대했어요. 저라면 그렇게 못했을 겁니다. 그 남자가 자신의 차를 타고 떠나자마자 밥은 돌을 깔고 화단의 벽을 설치하는 사람들과 이야기하기 시작하더군요. 그 사람들은 건축가도 아니고, 엔지니어도 아니고, 목수도 아니었어요. 별다른 기술이 없는 일용직 인부들이었지요."

바비는 잠시 감상적인 분위기에 젖은 듯했다. "밥은 부자 고객과 이야기 나눌 때와 똑같은 목소리로 그들과 일일이 눈을 맞추고 그들의 말을 주의 깊게 경청했습니다. 인부들도 저와 같은 인상을 받은 것 같았어요. 그때 나는 생각했습니다. 나도 저런 사람이 되고 싶다고요."

"그게 바로 밥이에요." 생각에 잠긴 표정을 지으며 클레어가 동감을 표시했다. "그는 제가 아는 한 가장 가식 없는 사람이에요. 조금 세련되진 못한 면은 있지만요."

제프는 계속 밀고 나갔다. "여러분은 밥의 그런 특성을 얼마나 닮았나요?"

"그만큼은 못 되지요." 바비가 바로 대답했다.

"하지만 당신과 비슷한 위치에 있는 타인들과 비교한다면요?" 제프는 계속 밀어붙였다. "업계의 다른 임원들과 비교한다면 어때요?"

바비 대신 클레어가 답했다. "바비, 당신은 생각보다 밥을 많이 닮았어요."

"이제야 밥을 닮은 듯 행동하는 건데, 뭐."

클레어는 놀란 표정을 지었다. "예전에도 항상 그렇게 행동하지 않았다고요?"

"그래. 내 말은…… 물론 대학을 안 나왔다는 이유로, 아니면 돈이 없다는 이유로 사람들을 깔봤다면 아마 아버지가 내 엉덩이를 걷어차셨을 거야. 하지만 이 회사에 들어오고 나서야 밥과 같은 행동을 진심으로 받아들이게 됐어. 내가 다녔던 회사에서 만약 밥처럼 행동했다면 경력을 쌓는 데 좋지 않았을 거야. 무슨 말인지 알겠어?"

"실리콘밸리에서 일하면 다들 그렇게 되지요." 제프는 한숨을 내쉬었다. "그곳 사람들은 대부분 사회와 환경에 대한 의식 수준이 아주 높아요. 하지만 자동차를 세차하고 잔디를 깎는 사람들을 어떻게 다뤄야 할지에는 별로 관심을 갖지 않지요."

클레어가 말했다. "말이 나와서 그런데, 당신 숙모가 잔디를 깎아줄 사람을 찾도록 우리가 도와야 해요. 그 집에 산 이후 밥이 계속 잔디를 깎았는데, 그가 지금도 집안일을 놓지 못하는 모양이에요."

제프가 고개를 끄덕였다. "캐런 숙모에게 오늘 밤에 전화를 걸어야겠네요. 아니면 오늘 오후에 벤을 만나니까 그때 이야기를 전하면 되겠군요."

바비가 호기심을 보였다. "벤과 무슨 이야기를 하려고요?"

"지금 우리가 나눈 이야기와 같은 거요. 나는 벤이 어떻게 팀 플레이어를 가려내는지 알고 싶어요."

"고등학교 농구 선수와 건설 회사 직원은 조금 다를 거라고 생각하지 않나요?" 클레어가 큰 소리로 물었다.

"물론 다르죠. 하지만 나는 공통된 면이 있을 거라고 생각해요. 그리고 밥이 어떻게 생각하는지에 대해 그의 아들인 벤이 나에게 통찰을 줄 수 있을 거라고 봅니다."

"그냥 밥에게 물어보면 되잖아요?" 바비가 제안했다.

제프는 동의하지 않았다. "안 돼요. 우선, 우리가 벌써 그의 도움을 필요로 하는 것처럼 보여서 그에게 걱정을 끼치고 싶지 않아요. 그는 다음 주에 수술을 받아야 하기 때문에 머릿속이 복잡할 거예요. 그리고 무엇보다, 밥이 팀 플레이어를 무엇이라 정의하는지 그 자신이 상세하게 이해하고 있었다면 지금쯤 우리 역시 다 알고 있었을 거예요. 이렇게 우리끼리 토론할 필요가 없었을 거라는 말이죠. 나는 밥도 우리처럼 확신을 갖지 못하고 있다고 생각해요. 한마디로, 불분명한 거죠."

그들은 동의했다. 제프는 밥의 아들이 새로운 관점을 보여주길 바랐다.

조직에 독불장군은 필요없다

제프는 스타벅스 구석 자리에 앉아 있는 벤을 멀리서도 쉽게 알아볼 수 있었다. 주위에 앉아 있는 10대 청소년들에 비해 머리 하나가 더 컸기 때문이다. 벤이 제프를 위해 미리 마실 것을 사놓아서 제프는 줄을 서지 않아도 됐다. 벤은 제프를 보자마자 일어서서 여느 남자 사촌들이 그렇듯 가볍게 포옹을 했다.

"갑자기 부탁했는데 나와줘서 고마워." 제프가 인사했다.

두 사람은 자리에 앉았다.

"할 수 있다면 형하고 매일 만나 커피를 마시고 싶어. 형이 이 동네에 살게 돼서 정말 좋아."

"나도 그렇게 생각해."

"그렇게 생각한다고?"

"나도 정말 좋다고. 모린도 그렇고. 더 넓고 마당 있는 집에서 살게 되어서 아이들도 좋은 모양이야. 하지만 일은 생각했던 것보다 걱정스럽네."

"아, 그래? 어떤데?"

제프는 병원 프로젝트와 호텔 프로젝트 때문에 딜레마에 빠졌다는 것, 현금흐름에 문제가 있다는 것을 설명했다. 모두 벤이 알지 못했던 이야기였다.

"너는 회사 사업에 대해서는 정말 아무것도 모르는구나." 제프가 벤을 놀리듯 말했다.

"이봐, 형. 아버지는 내가 사업에 관심을 갖도록 만들려고 충분히 애쓰셨어. 그러다가 내가 도통 관심이 없다는 걸 아시고 난 뒤에야 사업에 관해 별로 말씀하지 않으셨지." 그는 잠깐 멈췄다가 말을 이었다. "형이 발등에 불이 떨어진 상황이라는 건 잘 알아. 미국 역사나 전방위 압박 수비, 그리고 판타지 축구 게임이라면 내가 100퍼센트 도움이 될 텐데 말이야. 하지만 그런 건 형에게 별로 도움이 되지 않겠지?"

제프가 미소를 지었다. "모르는 일이지. 무언가 나에게 도움이 되는 게 있을 거야. 아주 큰 도움이 될 수도 있지."

벤은 흥미로운 듯 물었다. "정말로?"

"그래, 팀워크에 관해 도움을 줄 수 있을 거야."

"농담하는 거 아니야? 작년에 형이 아버지 회사에서 팀워크 프로젝트를 맡지 않았었나? 그랬으면서 나한테 팀워크에 대해 도움을 달라고? 나는 선수들에게 자신이 잘못됐다는 걸 받아들이고 서로에게 책임감을 갖는 방법을 가르치면서 팀워크를 이야기해왔어. 그게 전부야."

"팀워크에 관한 이론적인 방법을 찾으려는 게 아니야. 네가 다른 선수들보다 팀워크를 더 잘 발휘할 선수를 어떻게 구별해내는지 알고 싶을 뿐이야."

벤은 질문의 의미를 생각하는 것 같았다. "모르겠어. 나한테는 선택지가 그리 많지 않아. 우리 학교는 규모가 작기 때문에 얼마 안되는 선수들로 간신히 팀을 꾸려가고 있거든."

"하지만 너희 팀은 더 큰 학교들도 쉽게 꺾잖아."

"그래, 우리가 한 팀으로 똘똘 뭉쳐서 경기를 하기 때문이지. 스타 선수도 없어. 혼자 잘난 척하는 선수도 없고. 나는 선수들의 개인 기량보다 시스템이 더 중요하다고 생각해. 이미 말했듯, 우리 학교가 선발할 수 있는 선수는 몇 없거든."

"선수를 선발할 때는 어떻게 해? 어떻게 혼자 잘난 척하는 애를 구별해내?"

벤은 한숨을 내쉬면서 질문의 의미를 곱씹었다. "잘 모르겠어."

"좋아. 이렇게 생각해보자. 네가 대학교 코치가 됐다고 가정해봐. 그렇다면 어떤 선수를 뽑을 것 같아? 또는 어떤 애들을 돌려보낼 것 같아?"

"음, 키 큰 애들을 뽑고 키 작은 애들은 돌려보내겠지." 벤이 가볍게 웃었다.

제프는 그런 벤을 채근했다. "진지하게 생각해봐."

"미안, 농담이야. 물론 키가 198센티미터 이상인 친구는 무슨 수를 써서라도 바로 뽑을 것 같기는 해. 하지만 신장과 순발력 등 모든 신체 조건이 충족되더라도 성격과 연관된 측면들을 꼭 봐야 한다고 생각해."

"정확히 어떤 측면?"

그는 자신의 생각을 분명히 설명했다. "먼저, 연습에 꼬박꼬박 참여해야겠지. 나는 연습 벌레를 좋아해. 하지만 항상 1 대 1로 연습하는 친구는 별로야. 나는 체육관에 일찍 와서 늦게까지 남아 연습하고 굳이 필요없어도 매번 경기 동영상을 분석하는 애들이 좋아." 그는 잠시 멈췄다가 말을 이었다. "패배를 싫어하는 애들도 좋고."

"패배를 인정하지 않는 애들 말이야?"

벤은 고개를 흔들었다. "아니, 그런 뜻이 아니야. 경기에 패하지 않으려고 열심히 연습에 임하는 애들을 좋아한단 뜻이야. 그런 애들은 가르치기가 쉽거든."

제프는 수첩을 펼치더니 무언가를 적었다.

벤은 호기심이 일었다. "그런데 나 말고 누구 다른 사람과 이런 이야기를 나눈 적 있어?"

"네가 처음이야."

벤의 눈이 커졌다. "와, 내가 특별한 사람인 것 같아."

제프는 웃었다. "당연히 넌 특별하지. 네가 나한테 5달러짜리 커피를 사주었으니까 말이야."

"형이 마시는 커피는 무지방, 무카페인 캐러멜 마키아토야. 하지만 내 돈으로 사지는 않았어. VB 법인카드로 긁었거든."

"회사 카드를 가지고 있어?" 제프는 놀라움을 감추지 못했다.

벤이 웃음을 터뜨렸다. "바보같이 속다니! 아버지가 가족에게 회삿돈을 마음 놓고 펑펑 쓰라고 할 거 같아? 아버지를 그렇게 모르다니……."

제프는 안심했다. "삼촌이 어떤 분인지 잘 알지. 그나저나 정원사를 구해드려야 할 것 같아. 당분간 삼촌은 잔디 깎기를 해서는 안 되거든."

"그래, 오늘 어머니에게 말씀드렸어. 아버지는 마음에 들어하지 않을 테지만."

"삼촌 이야기가 나왔으니 말인데, 뭔가 삼촌에 대해 나한테 해줄 말이 없을까?"

"무슨 말이야?"

"이를테면 팀워크에 대한 삼촌의 자세 같은 것."

"다시 말하는데, 나는 아버지 회사에서 팀워크 프로젝트를 수행했던 형이 나보다 더 잘 알 거라고 생각해. 나는 아버지가 항상 팀워크보다 더 중요한 것은 없다고 말씀하셨고, 엄청난 직관이 있어서 누가 팀워크에 대한 자질을 가졌고 누가 그렇지 않은지 언제나 간파하는 것처럼 보였다는 것밖에 아는 게 별로 없어."

"자라면서 삼촌한테 뭔가 느낀 건 없어? 어떻게 해야 팀 플레이어가 되는지에 관한 삼촌의 생각 같은 것 말이야. 그냥 좋은 분이셨을 뿐이야?"

벤은 웃었다. "와, 오늘 형은 엄청나게 심오한 질문을 쏟아내는데." 그는 잠시 생각했다. "형도 알다시피 아버지는 우리 형제들에게 여러 가지 스포츠를 가르쳤어. 내가 또렷이 기억하는 게 하나 있는데, 아이들이 자기에게 아부하는 것을 못 참았지."

"무슨 뜻이야?"

"아버지는 다른 아이들, 특히 실력이 모자란 선수들을 무시하면서 아버지에게만 특별하게 구는 선수를 좋아하지 않았어."

제프는 벤의 설명에 만족한 듯했다. 벤이 갑자기 소소한 비밀들을 털어놓았다. "아, 아버지는 선수들이 자기 기록에 몰두하거나 경기 출전 시간에만 관심을 쏟는 것도 싫어했어. 한번은 아버지가 가장 실력이 좋은 열 살짜리 선수를 경기 내내 벤치에 앉혀놓은 적이 있어. 혼자서 공을 독차지하고 득점 순위 1등을 차지하는 데 지나치게 관심이 높다는 이유에서였지."

"그 아이는 어떤 반응을 보였어? 아이의 부모는?"

"애 엄마는 좋은 벌이라고 동의했지. 하지만 나는 잔뜩 화가 났었어."

제프는 웃음을 터뜨렸다. "그 애가 바로 너로구나."

"하지만 난 교훈을 얻었다고."

둘은 그 후 45분 정도 어린 시절의 가족 여행과 모임에 대해 이야기를 나눴다. 그러다가 벤은 연습 때문에 가봐야 한다고 말했다.

"형, 재미있는 대화였어. 아버지는 애써 유머로 감추려 하지만, 아버지에게 회사가 얼마나 중요한지, 그리고 우리 모두에게 얼마나 의미가 있는지 형이 잘 알 거라고 믿어."

벤의 말은 진심이었다. 제프는 사촌을 압박하려는 의도는 아니었다고 말하고 싶었다. 벤이 떠난 뒤, 제프는 15분 정도 자리에 앉아 수첩에 팀워크에 관해 정리했다. 자리에서 일어나려는데, 두 가지 상반된 감정 때문에 마음이 싱숭생숭해졌다. 뭔가 진전되고 있다는 안도감, 그리고 그가 들은 모든 것이 너무 뻔하다는 실망감이 바로 그것이었다. 그는 좀 더 깊이 파헤쳐봐야겠다고 마음먹었다.

얼간이의 공통분모는?

그 후 이틀은 오크 리지 현장의 상황을 수습하고 새로운 프로젝트, 특히 병원 프로젝트를 준비하느라 눈코 뜰 새 없이 흘러갔다. 제프는 너무 몰두한 나머지 그 시간 동안 팀워크와 채용 문제를 생각할 정신적인 여유가 하나도 없었다. 불과 48시간 전까지만 해도 문제가 이렇듯 심각해질 때까지 방치된 데 놀라 시급히 대책을 마련하기 위해 동료들과 머리를 맞대고 골몰했는데 말이다. 그는 건설 공사가 한창 진행 중인 현장에서 불거지고 있는 문제들 때문에 이보다 더 중요한 문제들의 해결이 미뤄져서는 안 된다고 생각했다. 현장의 요구가 빗발치고 문제가 눈덩이처럼 커지는 것이 보이더라도, 팀워크나 채용처럼 조직 전체를 좌지우지할 문제가 눈에 보이지 않는다는 이유로 해결이 미뤄져서는 안 된다. 제프는 적어도 자신이 CEO로 있는 한, 다시는 그렇게 되지 않도록 하겠다고 다짐했다.

나파 시 도시계획 정책가와의 미팅이 끝나자마자 제프는 이직할 것으로 보이는 직원들의 명단과 과거 몇 년 동안 회사를 떠난 직원들의 명단을 준비해달라고 클레어에게 요청했다. 또 그는 바비와 클레어에게 다음 날 오후 일정을 비워달라고 했다. 바비는 곤란하다고 했지만 제프는 반드시 시간을 내야 한다고 고집을 부렸다.

다음 날 오후, 밥의 방에 들어온 바비와 클레어는 화이트 보드에 클레어가 가져온 명단 속 이름 23개가 써 있는 것을 보았다. 제프가 써놓은 것이었다.

"이 사람들을 한 명씩 살펴봅시다. 공통분모를 찾아서 그것이 우리에게 경고하는 바를 찾아내야 해요."

언제나처럼 바비가 농담을 날렸다. "얼간이 지표를 말하는 건가요?"

클레어가 받아쳤다. "이봐요, 이 사람들 중 몇 명은 아직 우리 회사에서 일하고 있다는 것을 잊지 마세요. 이 사람들을 어떻게 부를 것인가는 조금 조심해서 결정할 필요가 있어요."

제프는 그녀의 주장에 동의했다. "클레어의 말이 옳아요. 이 사람들이 반드시 나쁜 직원들은 아니라는 점을 기억해야 돼요. 이들은 그저 팀워크를 중심으로 한 조직 문화에 부적합할 뿐입니다. 아니면 관리자가 얼간이라서 혹은 경력 개발에 도움이 될 만한 다른 회사가 있어서 우리 회사를 나갔거나 나갈 생각을 하는 것일 수도 있어요."

바비가 수긍했다. "바람직한 시각입니다."

"그 차이를 어떻게 해야 찾을 수 있을까요?" 클레어가 물었다.

제프가 답했다. "글쎄요, 그 방법을 미리 확실히 해둘 필요는 없어요."

클레어는 어리둥절했다. "왜요?"

제프는 설명했다. "이들의 공통분모를 찾으면 무엇이 문제인지 발견할 수 있을 겁니다. 그런 다음 그들에게 문제가 되는 행동을 바꿔야 한다고 명확하게 말하면 되는 거죠. 그들이 그런 행동을 고친다면 좋은 일이죠. 그렇다면 그들에 대해 더 이상 걱정할 필요가 없을 겁니다. 하지만 행동을 바꾸지 않는다면 우리 회사에 적합한 사람이 아니라고 생각해야겠죠. 그러면 그가 좀 더 자신의 능력을 발휘할 수 있는 곳을 찾도록 도와주면 됩니다."

바비는 화이트보드를 바라봤다. "자, 어디서부터 시작할까요?"

"조직도의 맨 위에서부터요." 제프는 자신감 있게 말했다. "고위직에 대한 논의를 효과적으로 해낸다면 나머지는 쉬울 겁니다."

클레어는 갑자기 의욕이 불타오르는지 이렇게 말해 제프와 바비를 놀라게 했다. "잠깐만요. 우리에게는 겁쟁이처럼 소심하게 이야기할 만한 여유가 없어요. 이 회사의 미래가 바로 여기 달려 있으니까요."

말을 마친 클레어는 화이트보드 앞으로 성큼성큼 걸어가 두 사람의 이름에 동그라미를 쳤다. 바로 오크 리지 현장의 프로젝트 매니저인 낸시 모리스, 고등학교 리모델링 프로젝트의 형편없는 엔지니어인 앤서니 벤슨Anthony Benson이었다.

세 사람은 그 후 내내 밥의 방에서 낸시와 앤서니뿐만 아니라 명단 속의 나머지 직원들 모두의 성과 기록과 행동 기록을 살폈다. 이들에 대한 집중적인 조사가 끝나자 '부정적이다, 게으르다, 둔감하다, 무책임하다, 자기중심적이다' 등 이 문제와 관련해 쉽게 연상되는 형용사들이 화이트보드에 씌어 있었다. 새로울 것이 없었다.

"우리가 뭔가 놓친 것 같아요. 이것들은 너무 뻔한 결론이잖아요." 제프가 말했다.

"맞아요." 클레어가 동의했다. "설마 우리가 그토록 찾으려고 애쓴 공통분모가 이렇게 간단한 것은 아니겠죠?"

바비가 예의 빈정거리는 말투로 이렇게 물었다. "그렇다면 도대체 왜 이렇게 어이없는 결과가 나온 거지?"

"우리가 이 사람들과 너무 가깝기 때문이 아닐까요?" 하지만 클레어의 말에는 확신이 없었다.

제프는 고개를 흔들었다. "나는 우리가 무엇을 찾아야 하는지 모르기 때문이라고 생각해요." 그러고는 이렇게 제안했다. "우리에겐 사례 연구가 필요해요. 우리가 잘 알지 못하는 사람을 데려다 놓고 이리저리 찔러보며 시험하면 어떨까요?"

시험 대상이 될 사람은 그들의 예상보다 빨리 나타났다.

모 아니면 도, 새로운 동료를 영입하라

제프는 퇴근길에 병원과 호텔 건설 현장에 한번 들러보기로 했다. 집에 도착하려면 20분쯤 더 시간이 걸릴 것 같았다. 그 프로젝트들이 중요한 만큼 그의 마음은 점점 무거워졌다. 제프는 바비에게 전화를 걸었다.

"무슨 일인가요, 사장님?" 바비의 목소리가 자동차 스피커를 통해 또렷하게 들렸다.

"우리에겐 이 모든 일을 제대로 해낼 방법이 없어요." 제프는 조용하지만 단호한 목소리로 말했다.

"무슨 말씀인가요?"

"병원과 호텔 프로젝트 말이에요."

"아니에요. 난 우리가 잘해낼 수 있을 거라고 믿어요. 우리는 그런 일에 익숙해요."

"아뇨, 난 시공 쪽을 말하는 게 아니에요. 내가 말한 '우리'는 당신과 나, 클레어예요. 우리에겐 도움이 필요해요. 이 두 프로젝트가 절정에 이르렀을 때를 상상해봐요. 생각할 시간 따위는 전혀 없을 거예요. 병원 프로젝트 하나만으로도 이미 우린 버거워하고 있잖아요."

바비는 아무런 대꾸가 없었다.

"여보세요? 전화가 끊겼나?"

"아뇨." 바비가 말했다. "생각 중이에요."

몇 초간 침묵이 이어졌다. 마침내 바비가 입을 열었다. "사장님 말이 맞아요. 나도 같은 생각을 했어요. 하지만 그럴 때마다 누군가 우리 그룹에 합류시키는 게 오히려 위험을 초래할 수도 있다는 생각이 들어요."

"무슨 말인지 설명해봐요."

"음, 클레어와 나는 남매처럼 일해요. 누구나 아는 사실이죠. 그런데 젠장, 우리는 아직 당신에게 익숙하지 않단 말입니다. 그리고, 솔직히 말해서 사장님이 얼간이로 판명 날 가능성도 있잖아요."

제프는 웃었다. "바비, 당신은 우리가 잘못된 사람들을 끌어들일까 봐 걱정하는 거로군요."

"맞아요." 그는 머뭇거리다가 말을 이었다. "그래요, 바보 같은 소리라는 거 잘 알아요. 나는 마음에 맞는 사람과 일하는 즐거움에 좀 더 무게를 두면 어려운 일도 조금 쉬워지지 않을까 생각해요. 젠장, 난 솔직히 내가 좋아하지도 않는 사람과 함께 일하고 싶지 않아요."

"무슨 말인지 알겠어요." 제프는 잠시 말을 멈췄다가 다시 이었다. "하지만 이렇게 한번 생각해봐요. 더 이상 도움이 되지 않는다면 우리가 함께 있을 이유가 뭐 있겠어요?"

"나도 알아요, 알아. 내가 좀 부정적이죠."

"그러면 우리가 어떻게 하는 것이 좋겠어요?"

"클레어에게 세상에서 가장 뛰어난 능력자인 데다 누구와도 가장 쉽게 어울리는 사람을 찾아내라고 말해야겠죠."

"그래요. 금요일 전까지 말이에요." 제프가 덧붙였다.

"음, 금요일까지는 기다릴 수 있어요."

그들은 한바탕 웃었다. 그리고 주말을 보내고 나서 그 건에 대해 다시 이야기하기로 했다. 하지만 제프는 주말이 지날 때까지 기다리지 않아도 됐다.

인재 탐문, 재야의 고수를 찾아라

주말에는 가능하면 일하지 않으려고 하지만, 제프는 지금이야말로 개인 생활을 희생해야 될 때라고 생각했다.

"내가 먼저 모범을 보여야 해. 그렇지 않으면 6개월도 지나기 전에 모든 직원이 주말도 없이 일하게 될 거야."

제프는 모린에게 말했다. 모린은 그의 말을 이해해주었다. 제프의 예상대로 클레어는 주말에 회의를 하자는 요청을 두말없이 받아들였다. 두 사람은 정오 이전에 사무실에서 만나기로 했다. 제프는 전날 밤 퇴근길에 바비와 나눈 이야기를 클레어에게도 똑같이 들려주었다. 임원진 구성에 변화를 주는 것에 클레어 역시 우려를 표했지만, 그녀는 임원진에 새로운 사람을 영입하는 것은 피할 수 없는 선택이라는 결론에 빨리 도달했다.

"그러면 앞으로 어떻게 하는 게 좋겠어요?" 제프는 방법을 물었다.

"글쎄요, 저는 건설 분야 임원을 채용하는 데 특화된 헤드헌터를 몇 명 알아요. 그동안 그들에게 의뢰해본 적이 없지만, 충분히 도움이 될 만한 사람들이죠."

제프는 고개를 가로저었다. "그러면 시간이 너무 오래 걸려요. 헤드헌터들은 전국 아니면 적어도 웨스트코스트West Coast 지역 전체에서 후보를 찾으려고 할 겁니다. 그러면 면접까지 1개월은 족히 걸릴 거예요. 그보다 누가 적임자인지 아는 사람을 찾아내는 것은 어떨까요?"

클레어는 잠시 생각해보곤 물었다. "바비에게 물어봤나요?"

"아뇨, 당신과 먼저 논의하기로 했어요."

그녀는 싱긋 웃으며 장난스럽게 말했다. "하지만 저보다는 바비가 누가 적임자인지 찾아내는 데 더 좋은 아이디어가 있을 같은데요."

"좋아요. 그에게 전화해봅시다."

2분 후 그들은 바비에게 전화를 걸어 스피커폰을 연결했다. 제프가 먼저 말을 꺼냈다. "바비, HR 담당자와 새 임원 채용에 대해 이야기했는데, 아무런 도움도 안되네요. 우리를 도와줄 사람 누구 없을까요?"

바비가 웃었다. "나만 빼고 둘이 파티를 하는 겁니까?"

"파티이긴 하죠." 클레어가 말했다. "누구에게 도움을 청해야 할지 나보다는 당신이 잘 알 거라고 말했어요. 그건 그렇고, 새 임원 자리는 현장 부문 부사장급을 말하는 거죠?"

제프가 장난스레 대꾸했다. "그래요, 바비 주니어죠."

"끔찍한 소리군요." 클레어가 소리쳤다. "뭐, 하지만 틀린 말은 아니에요.”

몇 분 새 바비는 그 자신도 놀랄 만큼 훌륭한 후보자들을 잘 알 만한 사람들의 이름을 줄줄 쏟아냈다. 그러다가 바비는 중요한 정보 하나를 털어놓았다.

“이봐요 친구들, 방금 생각났는데 테드는 어때요?”

“마치뱅크스Marchbanks?” 클레어가 물었다.

“그래, 그에게 이런 일은 식은 죽 먹기지.”

“그는 작년에 은퇴하지 않았나요?” 클레어가 물었다.

“은퇴했다고? 그 사람은 나보다 겨우 두 살 많을 뿐인데? 뭐 그렇다면 아마 지금쯤은 지루해서 미칠 지경일 거야. 지금 소노마Sonoma에 살고 있을걸요.”

잠자코 있던 제프가 물었다. “테드 마치뱅크스가 누군데요?”

클레어가 설명했다. “그는 소살리토Sausalito에 있는 노스 베이North Bay라는 거대 건설 회사의 사업 부장이었어요. 5년 전쯤 도심 하천 공사를 맡았는데 하천과 교각, 건물을 함께 묶은 토목공사였어요. 우리는 입찰에 참여하지조차 못한 거대 사업이었지요. 주 정부가 제시한 요건도 우리가 감당하기엔 버거웠고요.”

바비가 말을 이어 받았다. “그는 엄청난 돈을 벌어서 지금은 힐즈버그Healdsburg 근처에 살고 있어요. 그 근처 골프장에서 몇 번 만난 적이 있는데, 온통 일과 관련된 이야기만 하더라고요. 어찌됐든 그는 너무 일찍 은퇴한 것 같네요.”

클레어가 관심을 보였다. "그를 찾아가서 이야기해봐요."

"그는 우리와 같은 부류인가요?" 제프가 궁금해했다.

"그는 자기가 해야 할 일과 다른 사람들에게 어떤 도움을 줄 수 있는지를 잘 아는 사람이죠." 바비가 장담했다.

"팀워크는 어때요? 그는 얼간이인가요?"

클레어가 끼어들었다. "그 점에 대해서는 당신의 의견을 따르겠어요, 바비."

"그 사람은 전문가예요. 경험도 풍부하지요. 거대하고 복잡한 프로젝트를 2년 동안 관장했고, 예산과 일정을 준수해서 프로젝트를 끝마쳤어요. 그가 얼간이라는 생각은 눈곱만큼도 들지 않는군요."

꽤 적합한 사람이라는 생각이 들었는지 제프는 이야기를 좀 더 진행시켰다. "그를 얼마나 빨리 우리 회사로 데리고 올 수 있나요, 바비?"

"내가 어떻게든 해볼게요."

바비는 결코 실망시키지 않을 터였다.

새 선수 입장, 테드 마치뱅크스

월요일 아침, 제프가 밥의 방에 앉아 이메일에 답장을 쓰고 있는데 바비가 만면에 미소를 띠고 들어왔다. 제프는 깜짝 놀라 바비를 쳐다봤다.

"오크 리지는 어때요?"

"지금은 좋습니다." 바비가 말했다.

"그런데 왜 그렇게 신이 났어요?"

"사장님이 놀랄 만한 소식을 가져왔거든요. 오늘 점심 약속 있으신가요?"

"네, 약속이 있는데……."

"취소하세요."

"네?"

"취소하라고요. 누가 우리를 만나러 올 건지 아세요?" 제프가 답하기를 기다리지 않고 바비가 말했다. "테드 마치뱅크스가 올 거예요."

"어떻게 했기에 이렇게 빨리 그가 오게 됐나요?"

"침니 록Chimney Rock 골프 클럽에 친구가 있는데, 그가 테드의 전화번호를 알려줬어요. 어젯밤에 테드에게 전화했지요. 내 말이 맞더라고요. 그는 좀이 쑤셔 미칠 것 같은 지경이었어요. 내 얘기에 구미가 당기는 모양이더라고요."

"좋은 소식이네요." 제프는 미소 지었다. "클레어에게도 이야기했나요?"

"네, 12시 15분에 마리아스 레스토랑에서 만나기로 했습니다."

"마리아스라고요? 좀 더 좋은 곳에서 만나야 하는 거 아닌가요?"

"그가 우리 문화에 적합한 사람이라면 그런 데 개의치 않을 거예요."

"옳은 말이네요. 12시 15분에 봅시다."

레스토랑은 손님으로 반쯤 차 있었다. 평소 마리아스의 분위기를 생각하면 꽤 붐비는 편이었다. 약속 시간보다 일찍 도착한 제프는 구석에 있는 조용한 자리를 부탁했다. 몇 분 뒤 바비와 클레어가 들어와 테이블로 다가왔다.

"테드가 늦는군요. 그를 채용하기 어렵겠는데요." 제프가 심각한 표정으로 말했다.

바비는 멍한 표정이 되더니 "잠깐만요"라고 말했다. 뭐라고 말해야 할지 몰라 당황한 듯했다. "아마 그는 단지……."

제프가 말을 잘랐다. "농담입니다. 앉으세요."

바비가 웃음을 터뜨렸다. "도대체 언제까지 그런 장난을 치려고 했어요?"

"당신이 여기 있는 동안은 계속 그럴 거예요, 친구." 제프도 크게 웃었다.

"자, 아저씨들. 이제 장난은 그만하세요." 클레어는 문 쪽이 보이는 의자에 앉았다. "그런데 테드는 어떤 사람이죠?"

바비는 주저하지 않고 말했다. "그는 우리 회사보다 거의 네 배나 큰 기업의 임원이었어요. 그가 담당한 사업부의 규모만 해도 우리 회사와 비슷할 정도였지요. 그는 설계부터 시공과 리모델링까지 모든 걸 관장했어요. 지방정부 관료들을 어떻게 다뤄야 하는지도 잘 알고 있죠. 그 점은 우리가 병원 프로젝트를 수행하는 데 엄청난 도움이 될 겁니다."

제프와 클레어는 아주 마음에 들어하는 표정이었다.

"잠깐만요." 바비는 아차 싶은 표정을 지었다. "그 사람을 채용하면 안 될 것 같아요. 그가 내 자리를 차지할 테니까요."

클레어는 소리 내 웃으며 바비의 등을 찰싹 때렸다. "당신을 위해 부사장 자리는 언제든 마련할 수 있어요."

그때였다. 레스토랑 정문이 열리고 눈부신 햇살이 쏟아져 들어왔다. 한 남자가 햇살을 등지고 들어오는데, 그 모습이 마치 천사처럼 보였다. 문이 닫히고 나서야 남자의 얼굴과 옷차림이 눈에 들어왔다. 잘 맞는 청바지와 블레이저를 입은 테드 마치뱅크스는 그의 나이인 56세보다 열 살은 어려 보였다. 레스토랑을 둘러보던 그는 바비를 발견하고는 테이블로 다가왔다.

세 명의 임원은 일어서서 그를 맞이했다. 바비가 먼저 인사를 건넸다. "만나서 반가워요, 테드. 갑자기 부탁했는데 이렇게 와줘서 고마워요."

그들은 악수를 나눴다.

"어제 당신이 전화했을 때 놀란 건 사실이지만, 흥미롭더군요.

당신이 나를 그렇게 생각하다니 정말 영광입니다."

테드는 클레어에게 몸을 돌려 인사했다. "전에 한 번 만났죠, 클레어?"

그녀는 기억이 나지 않는 듯했다. "그런가요?"

"몇 년 전에 노바토Novato에서 열린 오찬 행사에 참가하지 않았나요? 리더십에 관한 특강이 있었잖아요. 당신네 회사에서 밥이랑 몇몇 사람이 함께 왔던 것으로 기억하는데요."

"아, 맞아요." 그녀는 기억이 나는 듯했다. "노스 베이 건설협회 미팅이었죠?"

"내 기억이 맞다면, 그 행사는 정말 따분했어요."

"네, 그랬어요. 아이비리그 대학에서 온 교수는 건설의 기역 자도 모르는 사람 같았죠."

테드가 화제를 바꿨다. "그건 그렇고, 밥은 어때요? 그의 소식을 들었어요."

바비가 답했다. "며칠 뒤 받을 수술 때문에 집에서 요양하고 있어요. 모든 것이 계획대로 진행되면 그는 괜찮아질 거예요. 하지만 그렇더라도 업무에 복귀하지는 않을 겁니다." 바비는 제프를 바라보며 말을 이었다. "소개하지요. 이분은 우리의 새로운 CEO, 제프 션리입니다."

제프는 테드와 악수를 나눴다.

"이쪽 분야엔 처음이시라는 말을 들었습니다, 제프."

"예, 그렇습니다."

"사장님은 좋은 분들과 함께 일하시는군요." 그는 클레어와 바비를 가리키며 말했다. "이분들 덕분에 사장님이 업계와 회사 동향을 쉽게 파악하셨을 것 같네요. 그렇죠?"

"저도 그렇게 생각합니다." 제프가 답했다. "그리고 당신도 저를 도울 수 있지 않을까요?"

테드가 미소를 지었다. "글쎄요, 그렇게 말씀해주시니 고맙습니다. 제가 도울 일이 과연 있을지 모르겠지만, 뭐든지 물어보세요."

그들은 자리에 앉아 한 시간 반 동안 업계의 동향부터 지역 경제에 이르는 모든 주제를 망라하며 즐겁고 유익한 대화를 나눴다. 물론 호텔 프로젝트와 병원 프로젝트의 복잡한 문제에 관해서도 이야기했다. 테드는 느긋하고 똑똑하며 의욕이 넘쳤다. 절대 은퇴한 사람 같지 않았다.

클레어는 문득 궁금해졌다. "그런데 왜 은퇴한 거예요, 테드?"

그는 머뭇거리다가 답했다. "모르겠어요. 그렇게 오랫동안 일했으니 이제는 은퇴해도 되지 않을까 하는 생각이 들었어요. 애들도 다 컸고, 집 대출금도 다 갚았고, 아내는 늘 여행을 다니고 싶다고 했지요. 문득 은퇴하는 것이 좋을 것 같다는 생각이 들었어요."

"하지만……?" 제프가 이야기를 계속하라고 테드를 재촉했다.

테드는 빙긋 웃었다. "골프와 골동품 수집, 여행도 그때뿐이더군요. 너무 많이 하다 보니 금방 지루해졌습니다. 나는 정말로 건설 일을 좋아해요. 문제를 해결하는 것도 좋아하고요. 일 자체가 주는 즐거움을 너무 가볍게 생각했던 것 같아요."

클레어가 그를 좀 더 압박했다. "왜 노스 베이로 돌아가지 않았나요?"

그는 좀 머뭇거렸다. "내가 건설 일을 좋아하긴 하지만, 그 회사는 너무나 크고 너무……." 그는 적절한 단어를 찾으려는 듯 한참 고민하다가 다시 말했다. "관료적이지요. 그 회사엔 뭔가 변화가 필요하다는 것을 깨달았지만, 난 그냥 은퇴하고 말았죠."

"이해가 가는군요." 바비가 말했다.

한참 이야기하던 테드가 문득 시계를 봤다. "그런데 그거 아시나요? 전 공식적으로 은퇴한 사람입니다. 집에 가서 아내의 차고 청소를 돕지 않으면 따분해서 견딜 수 없다는 사치를 부릴 수 있는 처지죠."

그들은 가볍게 웃으며 시간을 내준 테드에게 감사 인사를 했다. 테드가 레스토랑을 떠난 뒤에도 그들은 자리에 앉아 논의를 계속했다.

팀 플레이어의 기준은 무엇인가

늘 그랬듯 바비가 먼저 나섰다. "그를 당장 채용합시다."

하지만 제프도 클레어도 반응이 없었다.

"뭐예요?" 바비는 혼란스러운 표정이었다. "그가 바로 우리가 찾는 인물 아닌가요?"

"아마도요." 제프는 동의했다. "그는 여러모로 우리에게 도움이 될 거예요. 정말로 엄청나게요. 그의 경력만 보더라도 믿을 수 없을 정도예요. 게다가 그는 우리가 사람을 채용할 때 인력을 공급해주는 통로 역할을 해줄 거라고 나는 확신합니다." 하지만 이렇게 말하는 제프의 목소리는 왠지 자신 없게 들렸다.

"그런데 뭐 문제가 있나요?" 바비가 물었다.

"그가 문화적으로 우리 회사에 적합한지 평가해보죠." 클레어가 말했다. "그가 우리의 가치에 얼마나 적합한가요?"

"품질과 안전은 따놓은 당상이죠." 바비가 답했다. "노스 베이는 그 두 가지에 아주 광적이거든요."

제프가 끼어들었다. "그러면 그가 팀 플레이어인가 아닌가 하는 질문으로 귀결되겠군요."

"나는 그가 분명히 팀 플레이어라고 생각합니다." 바비가 선언하듯 말했다. "내 생각이 틀렸다고 생각해, 클레어?"

"모르겠어요." 클레어는 어깨를 으쓱했다. "우리가 찾는 게 정확히 뭐죠?"

제프는 이 대화를 즐기는 것 같았다.

바비가 답했다. "글쎄, 그는 분명 얼간이는 아니야."

클레어는 약간 과장스럽게 어깨를 으쓱했다. "그러면 한 발짝 물러나보죠. 얼간이는 정확히 어떤 사람을 말하죠?"

바비는 숨을 깊이 들이쉬었다. "음, 지난주에 우리가 도출했던 단어들은 어때? 이기적이고, 무례하고, 무책임하고. 우선 여기서부터 시작해볼까?"

제프는 수첩에 적기 시작했다.

클레어는 이야기를 좀 더 진행시켰다. "좋아요. 그런데 '무례하다'는 건 정확히 어떤 뜻이지요?"

"무례하다는 건 사람들을 불편하게 만드는 거지. 멍청하고 심술 궂게 이야기하고 말이야."

"무례한 사람의 예를 한번 들어봐요. 우리가 다 아는 사람으로요."

바비는 잠시 생각하더니 말했다. "좋아. 테리 파스칼^{Terry Pascal}은 어때?"

바비는 제프에게 부연 설명했다. "테리는 우리의 공급업자 중 하나였습니다. 양동이와 사다리부터 작업복과 공구에 이르기까지 모든 것을 우리에게 납품했죠."

클레어가 덧붙였다. "나쁜 사람은 아니에요. 본인이 도를 넘었는지 알아차리지 못할 뿐이죠. 음, 하지만 그는 고압적이고 부적절하고 아주 멍청한 사람이에요."

"그 사람이 우리 공급업자들 중 '하나였다고' 했나요?" 제프가 물었다.

"네, 우리는 그 사람의 회사에 담당자를 교체해달라고 요구했어요. 다음에 온 친구는 훨씬 낫더라고요."

제프가 다시 물었다. "그러면 우리 회사에 테리와 비슷한 직원이 있나요?"

둘은 생각에 잠겼다.

"글쎄요." 클레어는 엿듣는 사람이 있는지 확인하려는 듯 주위를 둘러보며 말했다. "낸시가 그런 부류라는데 두 분 다 동의하시죠. 그렇죠?"

제프와 바비는 고개를 끄덕였다.

"낸시와 테리 같은 사람들이 특별한 목적을 가지고 그렇게 행동한다고 생각하나요?" 제프가 물었다.

"아뇨." 클레어가 단호하게 말했다. "솔직히 저는 그들이 다른 사람들과 어울리다 보면 자연스럽게 그런 모습이 나타난다고 생각해요." 그녀는 잠시 머뭇거렸다. 왠지 험담을 하는 것 같아 미안한 모양이었다. "그들은 그저 사회성 측면에서 볼 때 멍청할 뿐이에요. 사회성이 빵점인 거죠."

제프는 수첩에 메모를 하면서 이렇게 말했다. "그렇다면 테드는 분명 멍청이는 아니네요. 오히려 그는 엄청나게 똑똑한 사람 같아요.”

“나도 그렇게 생각해요.” 바비가 당연하다는 듯 말했다. “그게 그를 뽑아야 하는 이유죠.”

“잠깐만요.” 제프는 금세 흥분하는 동료를 보고 빙긋 웃었다. “그것만 가지고 좋은 팀 플레이어라고 판단하기에는 일러요.”

“그것 말고 또 뭐가 있나요?” 클레어가 궁금해했다.

제프는 수첩을 뒤적거리며 머뭇거렸다. “모르겠습니다. 여기에 적은 것은 모두 너무 뻔하군요.”

“어떤 것들인데요?” 바비가 물었다.

“내 말은…….” 제프가 고개를 저으며 말했다. “여러분에게 말하기가 난처하다는 뜻이에요.”

바비는 웃으면서 제프의 수첩을 뺏으려고 했다. “어디 한번 봅시다.”

제프는 재빨리 수첩을 뒤로 감췄다. “좋아요. 지금까지 우리는 우리가 떠나보냈거나 해고했어야 할 23명의 직원을 분석하고 함께 대화를 나눴는데, 저는 그 결과가 두 가지 아니면 세 가지 단어로 요약되는 것 같습니다.”

그는 펜을 들어 모두가 볼 수 있도록 종이로 만든 식탁 깔개에 세 개의 단어를 적었다. ‘이기심ego’, ‘노고hard work’, ‘사람people’이 바로 그것이었다.

"그들은 '이기심을 갖지 않는 것', '정말로 열심히 일하는 것', '사람을 다루는 법을 아는 것', 이 세 가지 기준을 가지고 설명할 수 있습니다."

클레어는 얼굴을 찌푸렸다. "이기심이란 단어는 쓰지 마세요. 긍정적인 단어로 바꾸는 게 좋겠어요."

제프는 고민했다. 그는 '이기심'에 두 줄을 긋고 '겸손unpretentiousness'이란 단어를 대신 썼다.

"그렇다면 겸손하지 않다로 설명할 수 있겠네요. 그들은 공통적으로 겸손하지 않고, 주어진 일만 했습니다. 한마디로 정말로 열심히 일하지 않았어요. 또, 사회성이 없어서 종종 갈등을 유발하기도 했습니다."

세 사람은 세 단어를 뚫어져라 쳐다보았다. 만화가가 이 모습을 그린다면, 귀에서 연기가 뿜어져 나오는 모습일 것이다. 그만큼 세 사람은 세 단어를 오랫동안 바라보며 각자 생각에 몰두했다.

"다시 말하지만, 이 세 단어는 너무 뻔한 것 같습니다." 제프가 머쓱해하며 말했다.

클레어가 끼어들었다. "아니에요. 저는 우리가 굉장한 걸 건졌다고 생각해요. 뻔해 보이긴 하지만요. 조직에 비협조적인 사람들에게 이 세 단어를 대입하고 딱 들어맞는지 확인해보면 어떨까요?"

그들은 클레어의 제안을 받아들였다. 이때 제프가 시계를 쳐다

보더니 놀란 표정을 지었다. "이런, 벌써 2시 반이에요." 그는
바비를 보며 말했다. "병원 건축가들과 회의가 있는 걸 잊을 뻔
했어요."

"오늘 마무리 짓지 못한 이야기는 내일 계속하기로 해요." 클레
어가 제안했다. 세 사람은 동의했다.

4장

실행

지금까지 변화하고자 진단과 발견의 과정을 거쳤다. 그러나 이것들은 모두 실행하지 않으면 결과를 불러올 수 없다. 문제점을 파악하고 솔루션을 세웠으면 지금 바로 실행하라.

인재 평가의 틀, 얼간이 제로 테스트

다음 날 오크 리지 현장에선 바비가 예상했던 것보다 훨씬 이상하게 일이 돌아가고 있었다.

"그리 심각한 것은 없어요." 바비가 설명했다. "하지만 검사관들과 함께 내가 그곳에서 며칠 동안 조사를 벌이지 않으면 곧 우리는 끔찍한 상황에 처할 수도 있을 것 같아요."

클레어와 제프는 테드와의 공식 면접을 주 후반으로 미뤘다. 시간을 좀 더 들여 팀 플레이어에 관한 VB만의 정의를 마련하기 위해서였다.

다음 날, 밥이 수술을 받았다. 회사는 여전히 바쁘게 돌아갔지만 많은 직원들이 일에 몰두하면서도 걱정하고 기도하며 션리 가족에게서 연락이 오기만을 기다렸다. 다행히 수술이 성공적이고 밥의 예후가 좋다는 소식이 전해지자 VB 사무실 전체에 안도의 한숨이 퍼졌다. 하지만 임원들이 안도의 순간을 즐긴 것은 잠시뿐이었다. 걱정거리가 밥에게서 회사의 미래로 넘어갔을 뿐이었다.

다음 날은 테드의 면접이 잡혀 있어서 제프는 두 참모(바비와 클레어)와 바로 회의하기로 했다. 얼간이가 어떤 사람을 일컫는 것이고 팀 플레이어는 무엇을 의미하는지 좀 더 명확히 하기 위해 계속 토론을 이어갔다. 그들은 사무실에서 대충 끼니를 때우고 필요하면 늦게까지 남아 계속 토론하기로 했다. 6시 30분경 클레어와 제프는 테이블에 인도 음식을 펼쳐놓고 바비가 도착하기를 기다렸다.

"바비와 내가 미팅 때문에 먼저 자리를 뜬 날, 우리가 어떤 이야기로 대화를 마무리했는지 잘 기억나지 않네요." 제프가 말했다.

클레어는 그의 기억을 되새겨주었다. "사장님이 식탁 깔개에 썼던 단어들을 여기 적어놓았어요. 그것을 바탕으로 몇몇 까탈스러운 직원들을 평가해봤지요."

그때 바비가 들어왔다. "얼간이들 이야기를 하는 거야?"

클레어가 장난스럽게 눈을 굴렸다.

"아, 맞아요." 제프는 기억이 떠올랐다. "식탁 깔개에 메모한 게 기억나는군요."

클레어는 살사 소스가 잔뜩 묻어 있는 식탁 깔개를 들어 보였다.

바비는 음식으로 손을 뻗으면서 말했다. "우리가 분석해야 할 사람이 또 한 명 있어요. 바로 토미 벌레슨Tommy Burleson이에요."

클레어가 움찔했다. "아, 그 사람을 잊고 있었네요."

"그는 얼간이인가요?" 제프가 물었다.

클레어가 바비에게 물었다. "어떻게 생각해요?"

바비는 잠시 생각하더니 답했다. "모르겠네. 음, 얼간이는 아니야, 확실히. 얼간이가 아니니까 우리가 2년 동안이나 데리고 있었겠지. 하지만 그는 한 팀이 되어 일하기 좋은 사람은 확실히 아니야."

"왜 그렇게 생각하죠?" 제프가 물었다.

"토미는 제가 이제껏 만나본 직원들 중에서 가장 좌절감을 선사한 사람이에요." 클레어가 말했다. "그는 재미있고, 매력적이고, 똑똑했죠."

"끔찍한 소리네요." 제프가 비꼬는 투로 말했다.

"사실 그랬어요." 클레어가 말했다. "꽤 능력 있는 사람인 건 틀림없지만 우리는 그를 한 단계 더 성장시킬 수 없었어요."

"그가 열심히 일하지 않았다는 뜻인가요? 나태했나요?"

바비가 움찔하는 표정을 짓다가 애써 웃었다. "그게 바로 토미 때문에 힘들었던 점입니다. 그는 전형적인 게으름뱅이처럼 보이지는 않았어요. 그게 무엇이든 주어진 일은 다 수행했거든요."

클레어가 대신 마무리 지었다. "하지만 그게 전부였죠."

바비가 동의했다. "그는 문제가 되지 않을 정도로만 일했어요. 프로젝트를 수행하거나 과제를 해결하는 과정에서 전혀 절박함을 찾아볼 수 없었지요. 열정 같은 것도 없었어요."

클레어가 덧붙였다. "그가 무능한 사람이었다면 판단을 내리기가 오히려 쉬웠을 거예요. 게으름뱅이였더라도 쉬웠을 거고요. 하지만 그는 무능하지도, 게으르지도 않았어요."

"열정이 부족했다는 뜻인가요?" 제프가 정확히 표현할 단어를 찾으려는 듯 물었다.

바비는 다시 움찔했다. "아뇨. 토미는 분명 열정적인 사람이지만, 일에 대해서만 그렇지 않았습니다. 그는 사내 소프트볼 팀이나 플라잉 낚시, 남북전쟁 같은 역사적 사건에 아주 관심이 많았어요."

클레어는 정확한 단어를 찾아내려고 애썼다. "그는 무언가를 '갈망하는hungry' 법이 없었어요."

제프는 수첩에 뭔가를 적은 후 클레어에게 물었다. "그게 무슨 뜻이죠?"

"무언가 큰일을 해보겠다는 개인적 동기나 욕망 같은 것을 전혀 가지고 있지 않았다는 뜻이에요." 그녀는 잠시 생각하는 듯했다. "아마 그가 풍족한 환경에서 별다른 어려움 없이 성장해서 자신의 역량을 입증하거나 뭔가를 애써 성취할 필요가 없었기 때문에 그런 태도를 갖게 된 것 같아요. 사실 저도 잘 모르겠어요."

바비는 입안 가득 치킨 티카 마살라(영국에서 즐겨 먹는 인도식 커리 ‑ 옮긴이)를 씹고 있었지만 대화에 끼지 않을 수 없는 것 같았다. "그는 이웃집 사람으로는 세상에서 가장 좋은 친구일 겁니다. 하지만 신뢰하고 싶지는 않은 사람이죠. 같이 일하고 싶지도 않고요."

제프는 고개를 끄덕이면서 수첩을 바라봤다. "갈망hungry이라……. 이 말이 마음에 드네요."

"저도 그래요." 클레어가 말했다. "노고hardworking라는 단어보다 좋은데요." 그녀는 바비에게로 고개를 돌렸다. "배고프다hungry라는 말이 나왔으니 말인데, 난을 다 먹어 치우지 말고 좀 우아하게 기다려줄 순 없나요?"

바비는 장난스러운 표정으로 사과하듯 고개를 숙였다. 몇 분 후, 모두들 접시에 음식을 담자 제프는 화이트보드 앞으로 가서 여백에 '갈망hungry'이란 단어를 적었다.

"좋아요." 그가 말했다. "이것이 그나마 정확한 단어라고 생각해요. 우리는 갈망하는 사람을 채용해야 합니다. 회사에서 요구하는 것 이상을 넘어설 수 있는 사람이 필요합니다. 자신이 하는 일에 열정적인 사람, 갈망하는 사람이 필요합니다."

바비와 클레어는 고개를 끄덕였다. 제프는 말을 이었다. "그리고 테드를 만난 뒤 논의한 또 다른 개념이 있어요."

클레어는 손에 든 식탁 깔개를 보이며 말했다. "사람을 대하는데 '똑똑하다 smart'라고 쓰여 있네요."

제프는 화이트보드에 '영리함 smart'이란 단어를 썼다. "그래요. 테드는 정말 똑똑한 사람이지요."

"정확한 표현은 아닌 것 같습니다." 바비가 반대했다. "그 단어는 '지적intelligent'이란 뜻처럼 들리네요."

"그게 바로 제가 이 단어를 좋아하는 이유입니다." 클레어가 말했다. "이 단어는 '좋은 사람'이라는 전형적인 표현과는 거리가 멀어요. '영리함 smart'이란 말은 다시 말해 '감성지능emotional intelligence'이란 단어와 비슷한 뜻이지요. 어떻게 행동해야 하는지, 무엇을 말하고 무엇을 말해야 하지 않는지 알아야 한다는 소리죠. 단순히 '좋은 사람이어야 한다'는 말보다는 더 많은 것을 담고 있어요."

"그런 의미를 '영리함 smart'이라는 말로 정리한다면, 직원들이 뜻을 제대로 인식하지 못할 거라는 생각이 드네요." 제프가 말했다. "직원들은 그 단어를 받아들이지 않을 거 같아요."

바비는 납득 가지 않는 모양이었다. "그런데 사람을 대하는 데 영리한 사람이라면 얼간이라고는 볼 수 없을 것 같습니다. 그런 이유에서 볼 때 '영리함'이 팀 플레이어가 되기 위한 요소처럼 생각되는데요."

제프는 잠시 생각하더니 이렇게 반박했다. "전 그렇게 생각하지 않습니다. 영리한 사람이 얼간이일 수도 있어요. 똑똑하면서 얼간이인 사람이야말로 최악의 얼간이가 아닐까요?"

"좀 더 설명해주세요." 클레어가 요청했다.

"음, 원하는 것을 어떻게 말해야 할지 잘 알고, 함께 일하는 모든 사람들을 매료시키는 데 아주 능숙한 사람이 있다고 가정해봐요. 그런데 그 사람이 오직 자신을 위해, 오직 자신의 야망만을 위해 그렇게 행동하는 것이라면 '이중적인duplicitous' 얼간이라고 할 수 있지 않을까요?"

"제가 받아쓸 수 있는 단어를 사용해주세요, 영리한 친구!" 바비가 농담을 던졌다.

제프는 미소를 지었다. "'양면적two-faced'이라고 정리할 수 있겠군요. 기만적이고 정직하지 못하다는 뜻에서요."

클레어의 머리 위에 전구가 반짝 켜진 듯했다. "이중적이다……. 그 단어를 들으니 한 가지 아이디어가 떠오르네요."

"어떤 아이디어요?" 바비가 물었다.

클레어가 식탁 깔개를 바라보며 말했다. "음, 사장님이 여기에 '가식 없는unpretentious'이란 단어를 썼어요, 그렇죠?"

제프가 고개를 끄덕였다. "그래요. 밥에 관해 이야기를 나눌 때 나왔던 단어죠. VB의 직원들 중에 가식적인pretentious 사람이 있다면 그야말로 우리 회사에 적합하지 않은 직원일 겁니다."

"나는 '가식적pretentiousness'이란 단어가 정확한 기준이라고 생각하지 않아요." 갑자기 바비가 지적하고 나섰다. "내가 잘못 생각하는 것인지도 모르지만, 가식적인 사람이라면 분명히 얼간이일 겁니다. 하지만 그것 말고 무언가가 더 있어요. 사람들의 틈에서 눈에 띄는 방법은, 그중에서도 나쁜 방법은…… 오만하게 구는 것이죠." 그는 그것이 정확한 단어라고 자신하는 것처럼 보였다. "오만함arrogance의 반대말이 뭐죠?"

"겸손함humility이에요." 클레어가 맞장구치듯 대답했다. "얼간이들은 겸손하지 않죠."

"바로 그거야!" 바비가 말했다.

제프는 화이트보드에 원을 세 개 그렸다. 마치 벤다이어그램 같았다. 그는 각각의 원 옆에 '겸손humble', '갈망hungry', '영리함smart'이라고 썼다.

이들은 식사를 하면서 이 벤다이어그램을 가지고 계속 토론했다. 그 후 한 시간 동안 그들은 까다로운 직원들, 핵심 인재라고 여겨지는 직원들, 그리고 그 중간에 위치한 직원들을 한 명씩 떠올리며 벤다이어그램의 어느 곳에 위치하는지 대입해봤다.

핵심 인재들은 모두 겸손, 갈망, 영리함을 높은 수준으로 쉽게 충족시켰기에 세 개의 원이 모두 겹치는 한가운데 배치됐다. 세 개의 단어 중 어느 하나도 만족시키지 못하는 직원은 한 명도 없었다. 많은 직원들이 벤다이어그램의 중앙에 가깝게 위치했다. 물론 하나의 단어만 만족시키는 바람에 중앙에서 멀리 떨어

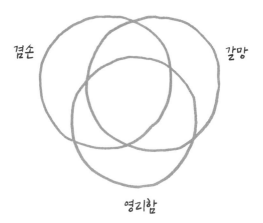

겸손

갈망

영리함

져 있는 직원들도 있었다.

제프는 자신들에 대해서도 같은 방식으로 평가해야 한다고 주장했다. 평가 결과, 세 사람 모두 벤다이어그램의 중앙에 위치하는 것으로 나타났다. 식사가 거의 끝나갈 때쯤, 24명의 이름이 벤다이어그램에 각각 자리를 잡았다. 클레어와 바비는 뭔가를 해냈다는 뿌듯함을 느꼈다.

하지만 제프는 여전히 의심스러운 듯했다. "너무 단순해 보이네요." 그는 세 단어를 뚫어져라 쳐다보며 말했다. "그렇지만 뭐가 빠진 건지 저도 잘 모르겠어요. 그냥 이 그림이 세 단어의 조합일 뿐이라는 생각이 들어요."

"바로 그거예요." 클레어가 화이트보드로 다가가 벤다이어그램

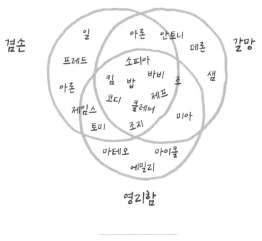

겸손   갈망

얼간이 제로 테스트

정중앙에 빨간 펜으로 표시하면서 말했다. "보기에 따라서 세
가지 특징 중 하나라도 만족시키지 못하면 얼간이로 판명될 수
있다는 게 이 벤다이어그램의 마술입니다."

바비가 웃음을 터뜨렸다. "젠장, 나도 그렇게 말하려고 했어."

클레어는 바비에게 펜을 던졌다.

그들은 채용 과정에 이 벤다이어그램을 바로 적용해야 한다는
데 합의했다. 바비는 이 모델에 '얼간이 제로 테스트'라는 이름
을 붙이자고 제안했다. 첫 번째 테스트는 다음 날 아침에 있을
테드 마치뱅크스와의 면접 때 이뤄질 터였다.

첫 번째 사례 분석, 테드 마치뱅크스

테드를 면접하기 위한 만반의 준비가 갖춰졌다. 현장에서 차출된 몇 명의 직원과 클레어는 오전에 그와 1 대 1로 만나기로 했다. 그리고 오전 중 면접을 끝내고 제프와 단 둘이 점심식사를 할 예정이었다. 제프는 테드가 겸손하고 갈망적인 인재인지 판단하는 것이 가장 중요한 목표라는 것을 명확히 했다. 테드가 '영리하다people smart'는 것은 이미 분명히 판가름 난 일이었기 때문이다.

테드의 첫 번째 면접은 오크 리지 프로젝트의 현장감독인 크레이그가 진행했다. 제프는 두 가지 덕목에 대해 테드를 어떻게 평가하는 것이 좋을지 이해시키기 위해 크레이그와 한 시간 전에 만나 이야기를 나눴다. 제프는 테드를 평가하는 게 어려울지도 모르겠다고 털어놓았다. 설명하고 있는 자신조차 겸손과 갈망이라는 단어가 구체적으로 어떤 사람을 일컫는지 깔끔하게 정의 내리지 못했기 때문이다.

고민 끝에 제프가 크레이그에게 준 지침은 간단했다. "테드가 계속해서 열심히 일하기를 원하는지, 일에 헌신하려는 욕구를 여전히 가지고 있는지, 그저 은퇴 후의 따분함에서 벗어나고 싶어 하는 것은 아닌지 잘 살펴보세요."

크레이그는 그 말을 수첩에 적었다. "알겠습니다. 겸손함에 대해서는요?"

"글쎄요, 그건 당신이 알아서 판단하세요. 겸손하지 않은 사람이 어떤 사람인지는 잘 알잖아요, 그렇죠?"

크레이그는 미소를 지으며 제프에게 재차 물었다. "그러면 사장님은 어떤 측면에서의 겸손함을 주목하시나요?"

제프는 주저하지 않고 답했다. "내가 말했듯이, 그가 겸손하지 않다는 증거에 주목하면 된다고 생각해요. 오만하다거나, 우쭐댄다거나, 묵살한다거나, 자기중심적이라거나."

크레이그는 그 말 역시 수첩에 메모했다. "무슨 말씀인지 이해했어요. 그러면 제가 생각하는 바를 내일 뵙고 말씀드리면 될까요?"

제프의 눈이 약간 커졌다. "아니요, 면접이 끝나자마자 당신의 생각을 듣고 싶어요."

크레이그는 약간 놀란 듯한 눈빛이었다. 제프가 그 이유를 설명했다. "당신이 판단하는 바를 들어야 테드와 점심식사를 하면서 무엇을 파악해야 할지 알 수 있을 테니까요. 그리고 다음에 면접할 다른 면접관들에게도 당신이 어떻게 판단했는지 알려주고 싶어요. 더 깊이 파고들 수 있는 질문을 던지도록 말이에요."

"와!" 크레이그는 놀란 듯했다. "머뭇거리지 않고 단숨에 결정을 내리시려는 거군요."

제프는 미소 지었다. "빈둥거릴 수 있는 형편이 아니니까요. 해결해야 할 시급한 문제가 한두 가지가 아니거든요."

크레이그는 얼굴을 찌푸렸다. "알고 싶은 게 있는데요, 제프."

그는 약간 머뭇거렸다.

"뭔데요? 뭐든 물어보세요."

"시급한 문제가 많다고 말씀하셨는데, 제가 모르는 게 있나요?"

제프는 크레이그에게 어느 정도까지 말해야 할까 생각하느라 잠시 망설였다. "아, 그걸 알고 싶은 거군요. 좋아요. 말해드리죠. 사실, 앞으로 처리해야 할 일들이 산적해 있습니다. 그래서 엄청나게 사람을 뽑아야 돼요."

크레이그는 고개를 끄덕였다. 그리 놀란 표정은 아니었다.

"내 말은 현장에서 문제를 일으키지 않을 사람을 찾아야 한다는 뜻입니다."

크레이그는 미소 지으며 머리를 끄덕였다. "저도 잘 알고 있습니다."

"내년에도 지금 우리가 고민하고 있는 문제들과 계속 씨름하고 있을 거라고 상상해봐요. 어떤 일이 생길지……. 나는 생각만 해도 끔찍하군요."

크레이그는 생각하기도 싫다는 듯 얼굴을 찌푸렸다. "저는 지금도 오크 리지 때문에 미칠 지경입니다. 만약 상황이 이보다 더 악화된다면 감당할 수 없을 거예요."

제프는 쓴웃음을 지어 보였다. "맞아요. 그리고 이 사람, 테드에게서 겸손과 갈망을 전혀 찾아볼 수 없다면, 팀워크가 형편 없다면, 그와 함께 일할 직원들에게 팀워크를 발휘시킬 방법이 전혀 없을 겁니다. 그리고 그가 팀워크를 발휘할 사람을 채용할 리도 없겠죠."

크레이그는 수첩을 넘기기 시작했다. "그에 대해 다시 검토해보죠. 질문 드릴 것이 있는……."

제프는 그의 말을 막으며 웃음을 터뜨렸다. "진정해요, 크레이그. 그 모든 걸 당신 혼자 알아낼 필요는 없어요. 다른 면접관들도 그를 면접할 테니까요. 일단 우리가 지금껏 이야기했던 것만 살펴보고, 면접이 끝나면 당신이 생각하는 바를 나에게 알려주세요."

"알겠습니다." 크레이그는 안도하는 표정을 지었다.

그때 리셉셔니스트이자 HR 부서의 사무보조원으로 일하는 킴이 사무실로 들어왔다. "실례합니다. 테드 마치뱅크스가 기다리고 있습니다."

크레이그의 면접, 열정과 겸손을 판단하다

크레이그가 30분가량 테드를 면접한 뒤, 제프는 킴에게 테드를 다음 면접관에게 안내하라고 지시했다. 그리고 크레이그에게는 남아서 결과를 보고하라고 했다. 테드와 킴이 자리를 뜨자 그는 단도직입적으로 물었다.

"어떻게 생각해요?" 제프는 문을 닫으며 물었다.

"엄청난 사람이라는 생각이 드네요." 크레이그는 주저하지 않고 말했다. "건설업에 정통한 사람이더라고요."

"그에게서 갈망이 느껴지던가요?"

크레이그는 잠시 생각하더니 말했다. "네, 그는 일을 정말로 원하고 있어요. 다시 바쁘게 일하고 싶어하더군요."

"직업윤리가 강한 것처럼 보였나요?"

"열심히 일하지 않았다면 NBC 사업부를 어떻게 담당할 수 있었겠어요?"

"NBC?"

"네, 노스 배이 컨스트럭션North Bay Construction 말이에요."

제프는 웃었다. "맞아요. 그렇군요."

크레이그는 호기심이 생겼다. "그에게 갈망이 결여돼 있다고 생각하는 이유라도 있나요?"

"아뇨, 나는 그저 그가 우리 회사에 적합한 사람인지 확인하고 싶을 뿐이에요." 제프는 수첩을 뒤적였다. "열정은 어떻던가요? 그는 건설업에 대해 여전히 열정적인가요? 자신에게 버거울지도 모를 대규모 프로젝트가 주어져도 이를 완수해내고야 말겠다는 포부가 있나요?"

크레이그는 잠시 생각하더니 고개를 끄덕였다. "네, 그는 병원 증축 프로젝트를 언급하면서 일과 관련해 도전에 나서는 것을 좋아한다고 말했습니다. 아무리 봐도 은퇴한 사람처럼 보이지는 않더라고요."

제프는 그 말을 수첩에 적었다. "겸손에 대해서는 어땠나요? 현실적인 사람이던가요? 어떤 식으로든 거들먹거리거나 무례하지 않았나요?"

"현실적인 사람인지는 잘 모르겠어요. 하지만 그는 저에게 거들먹거리거나 무례하지 않았습니다. 30분밖에 이야기를 나누지 않았지만, 나쁜 인상을 받지는 않았습니다." 그는 잠시 생각하더니 말을 이었다. "제가 생각하기에 그는 아주 좋은 사람 같았습니다. 겨우 30분 동안 이야기를 나눴을 뿐이지만, 그와 함께 일하고 싶다는 생각이 들던데요."

제프는 그의 말을 들으며 몇 가지 메모를 했다. "잘 들었어요. 고마워요, 크레이그."

제프는 악수를 하고 돌아서서 사무실을 나가려던 크레이그를 불러 세웠다.

"그런데 낸시와의 일은 잘되고 있나요?"

크레이그는 주저없이 말했다. "좀 나아졌습니다. 물론 그녀는 여전히 이해하기 어려운 사람입니다. 하지만 저는 그녀에게 제 회의에 다시 참석하라고 설득했습니다. 그리고 제 직원들에게 그녀가 열받게 만드는 말을 하더라도 지나치게 화를 내지 말라고 주의를 줬습니다."

제프는 안심했다. "잘했습니다. 우리끼리 하는 말인데, 그녀가 겸손하다고 생각하나요?"

크레이그는 그 질문을 듣고 놀란 듯했다. "그녀를 설명할 때 겸손하다는 단어를 사용하는 일은 없을 겁니다."

"좋아요." 제프가 계속 말을 이었다. "그렇다면 그녀는 오만한가요? 그녀는 자신이 다른 사람들에 비해 우월하다고 생각하나요?"

그는 고개를 가로저었다. "그것 역시 그녀를 설명할 수 있는 단어는 아닙니다. 그녀는 모든 사람을 똑같이, 그것도 아주 똑같이 대합니다. 그리고 지루하고 고된 일을 해야 하는 상황에 불만을 갖지도 않지요. 그녀는 그저……." 그가 잠시 망설이다가 말을 이었다. "글쎄요, 제가 말했듯, 그녀는 이해하기 어려운 사람입니다."

제프는 크레이그가 '쭈그렁할망구hag'란 말을 사용하지 않은 게 다행이라고 생각했다.

인재 채용, 집요하게 파고들어라

이후 제프는 클레어를 만나 10분 후에 있을 테드와의 면접을 준비시켰다.

"나는 그가 게으르거나 열정적이지 않다고는 절대로 생각하지 않아요." 제프가 말했다. "질문지에 갈망에 관한 질문이 없는 것은 그 때문입니다."

클레어는 잠시 생각에 잠겼다가 입을 열었다. "그는 사람의 마음을 읽을 줄 알고, 사람들이 자기를 좋아하도록 만드는 법도 잘 압니다. 그런 것을 보면 그는 충분히 똑똑한 사람임이 분명합니다. 겸손에 관한 것밖에 질문할 게 없다면 그는 별로 할 말이 없을 것 같은……."

제프가 그녀의 말을 잘랐다. "그래요. 별로 할 말이 없을 거예요. 그는 자신을 겸손하지 않다고 판단할 만한 어떠한 말도 하지 않을 겁니다."

클레어는 얼굴을 찌푸렸다. "그런데 겸손이란 게 대체 어떤 건가요?"

"모르겠어요. 사실 나 역시 겸손이 뭔지 확실히 정의하기 어렵네요."

클레어는 미소 지었다. "음, 문제네요."

제프가 동의했다. "알아요. 겸손은 까다로운 항목이죠. 정말로 똑똑하기만 하고 자기 자신을 겸손한 것처럼 포장하는 사람이 있다면 그걸 어떻게 알아차릴 수 있을까요? 노골적으로 오만한 사람처럼 보이고 싶어 하는 사람은 없을 거예요. 얼마나 많은 사람들이 자기 자신에 대해 떠벌리고 공개적으로 거들먹거리는지 아나요?"

"저도 그런 사람을 몇 명 알아요." 클레어가 말했다.

"저도 그래요. 하지만 그런 사람들은 대부분 이런 면접을 보러 오지 않죠." 제프는 잠시 생각하다가 말을 이었다. "설사 오더라도 대부분 10분도 넘기지 못하겠죠. 자신이 어떤 사람인지 금세 들통날 테니까요."

클레어가 동의했다. "네, 감지하기 힘든 사람이 가장 위험한 법이죠."

"그것이 바로 우리가 아주아주 조심해야 하는 이유예요. 특히 이번처럼 고위급 임원을 채용할 때는 편집증적이라는 소리를 들을 만큼 주의를 기울여야 합니다."

클레어는 방문을 닫았다. "사장님의 말을 듣다 보니 테드에 대해 뭔가 미심쩍어하는 것 같네요."

제프는 고개를 가로저었다. "사실 의심스럽다고 해야 되는 건지 아닌지 모르겠어요. 하지만 그가 우리 사람이 될 거란 확신은 아직 들지 않습니다."

"사장님 말씀은 그가 겸손한지 그렇지 않은지 모르겠다는 뜻인가요?"

"네, 맞아요. 그게 저의 유일한 의문이죠." 제프가 확인시키듯 말했다.

그때 노크 소리가 났다. 킴이 문틈으로 머리를 들이밀며 말했다. "테드를 들여보낼까요?"

클레어는 심호흡을 한 번 했다. "아뇨. 제가 가서 만날게요." 그녀는 제프에게 몸을 돌리더니 미소를 지으며 말했다. "저에게 한 가지 아이디어가 있어요. 제가 무엇을 알아낼 수 있을지 기대해보세요."

조직 상하부의 의견을 수집하라

클레어는 테드를 정확히 평가하는 가장 좋은 방법은 사무실 밖으로 나가 덜 형식적인 환경 속에서 그와 이야기를 나누는 것이라고 생각했다.

"제가 잠깐 나갈 일이 있는데, 같이 가면서 면접을 진행하면 좋을 것 같아요." 클레어가 말했다.

테드는 어깨를 으쓱했다. "좋습니다."

둘은 클레어의 미니밴에 올라타 타깃(미국의 대형 쇼핑몰 체인 - 옮긴이)으로 차를 몰았다. 차 바닥에는 시리얼 부스러기가 잔뜩 떨어져 있었다. "딸아이 친구가 얼마 안 있으면 생일이라서 선물을 준비해야 하거든요." 클레어가 타깃으로 가는 이유를 설명했다.

차 안에서 그들은 테드의 경영 철학과 NBC에서 그가 관리했던 사람들에 관해 이야기를 나눴다. 그의 답변은 매우 훌륭했지만, 그리 특별한 것은 없었다. 테드는 그가 부하 직원들과 문제를 일으켰던 적이 한 번도 없다고 했다. 일반적이지 않은 면접 상황이지만 테드는 대체적으로 능숙하게 대처했다.

사무실로 돌아오는 길에 그들은 나파 강이 내려다보이는, 새로 만든 다리를 건넜는데, 이때 테드가 흥분한 듯 입을 열었다. "이 다리가 제가 만든 다리들 중 하나입니다." 테드는 자신이 얼마나 오래 일했는지, 주와 시 당국 정치인들과 어떻게 친목을 다졌는지 이야기했다.

사무실 앞에 차를 대면서 클레어가 말했다. "다음 면접에 늦지 않도록 여기에서 내려드릴게요. 킴이 어디로 가야 할지 알려드릴 겁니다."

"킴이 누군가요?" 그가 정중히 물었다.

그녀는 조금 놀랐지만 이 질문을 대수롭지 않게 생각했다. "오늘 오전에 면접장으로 안내해준 리셉셔니스트가 킴입니다. 제 부하 직원이죠."

테드를 내려준 뒤 그녀는 제프의 방으로 가서 자신이 판단한 바를 이야기했다. 그녀는 테드가 지금껏 만나온 다른 임원들처럼 똑똑하고 갈망이 넘친다는 것을 확신한다고 말했다. 겸손함에 대해서는 크레이그와 마찬가지로 부정적인 인상은 받지 않았다고 했다. "사교 수완이 뛰어난 사람이던데요. 성격도 침착하고요. 그를 채용하지 않을 이유를 대기 어렵네요."

제프는 얼굴을 찌푸리며 물었다. "뭐가 잘못됐나요?"

"무슨 말씀이세요?" 그녀가 물었다.

"그를 채용하지 않을 이유를 대기 어렵다고 말했잖아요. 그 말이 제겐 확신이 들지 않는다는 소리로 들리네요."

클레어는 창밖을 바라보며 생각에 잠겼다. "글쎄요. 그럴지도 모르죠. 그런데 왜 그렇게 느끼는지 잘 모르겠어요."

"그가 우리 회사 경영진의 한 사람이 된다면 어떤 느낌이 들 것 같나요? 당신과 나, 바비와 테드 이렇게 함께 일한다면요."

"그게 문제예요. 저는 경영진에 새로운 인물을 영입한다는 계획이 저를 짜증나게 만든 건지, 아니면 테드에게 뭔가 문제가 있는 건지 잘 모르겠어요."

그때 킴이 노크를 하더니 빼꼼히 얼굴을 들이밀었다. "방해해서 죄송한데, 나머지 일정을 확인하고 싶어서요." 킴은 제프를 보며 말했다. "면접이 끝나면 테드와 점심식사를 하실 거죠?"

클레어가 고개를 끄덕였다. "예, 어느 레스토랑을 예약했나요?"

"욘빌Yountville에 있는 퍼시픽 블루스Pacific Blues가 좋을 것 같아요. 마카로니 치즈가 유명한 곳이죠."

"거기엔 가본 적이 없는데……. 뭐, 괜찮겠죠." 제프가 말했다.

킴이 복도로 나가려고 하는데, 제프가 그녀를 불러세웠다.

"뭐 하나 물어봐도 될까요, 킴?"

"들어보고 말씀드릴게요." 그녀가 장난스레 대답했다.

"좋아요. 테드에 대해 어떻게 생각해요?"

킴은 그 질문에 뭐라고 답해야 할지 몰라 했다. "무슨 뜻이에요?"

제프는 미소 지었다. "내 말은 그를 어떻게 하는 것이 좋겠냐는 뜻이에요. 당신이라면 그를 채용할 건가요? 매일 그 사람과 같이 일하고 싶은가요?"

킴은 불편해하는 기색이 역력했다. "아, 어려운 질문이네요."

클레어는 호기심이 동했다. "왜 어렵나요?"

킴은 방 안으로 들어와 문을 닫으며 말했다. "그가 저에게 수작을 걸었다고 보고했는데 당신이 그래도 그를 채용한다면 그가 저를 가만두지 않을 테니까요."

"그가 당신에게 추근거렸어요?" 클레어는 깜짝 놀라 물었다.

킴은 소리 내 웃었다. "아니요. 예를 든 것뿐이에요. 제 말은 같이 일하거나 혹은 모시고 일해야 하는 사람에 대해 부정적인 이야기를 하고 싶진 않다는 뜻이에요."

제프는 몸을 세우고 똑바로 앉았다. "글쎄요, 하지만 킴, 나는 지금 무엇보다 당신의 의견이 아주 중요하다고 생각해요. 나는 당신의 의견을 다른 사람들의 의견 못지않게 신뢰합니다. 아뿔싸, 당신을 면접 일정에 집어넣었어야 했는데…… 후회되네요."

킴은 웃음을 터뜨렸다.

클레어가 재촉했다. "테드에 대해 말하기 꺼려지는 무언가가 있나요?"

"잘 모르겠어요. 그 사람보다 형편없는 사람이 한둘은 아니잖아요."

"그가 어떤 사람이라고 생각하는데요?"

"글쎄요, 오늘 아침에 그가 회사에 도착했을 때부터 그는 별로 사교적이지 않아 보였다고 말씀 드릴 수 있겠네요."

"그가 어떻게 했는데요?" 클레어가 놀란 표정을 지었다.

"음, 그는 로비에서 15분 정도 기다려야 했어요. 저랑 단 둘이 말이에요. 그런데 저에게 아무런 질문도 하지 않더군요. 제가 옆에 있다는 걸 알면서도요. 제가 그를 이곳저곳으로 안내했는데, 그는 저에게 '화장실이 어디죠?'나 '휴대폰 좀 충전해줄 수 있나요?'란 말 외에 아무런 말도 하지 않았어요."

클레어는 무슨 생각을 하는지 보려고 제프 쪽으로 고개를 돌렸다. 그는 수첩에 뭔가를 적고 있었다.

제프가 물었다. "휴대폰을 충전해줘서 고맙다고 말하던가요?"

킴은 기억을 되짚어봤다. "아마도 그랬겠죠. 정확히 기억나지는 않네요."

"그가 진심을 담아 고마운 감정을 표현하지 않았다는 말이
군요?"

킴은 고개를 가로저었다. "그는 그저 제가 할 일을 했다고 생각
하는 것 같았어요." 그녀는 얼굴을 찌푸렸다. "그가 형편없는 사
람이라는 뜻은 아니에요. 절대 그렇지 않아요. 하지만 만약 내일
그가 길거리에서 저를 알아보고 달려온다면 저는 '저 사람이 어
떻게 나를 기억하고 있지?'라고 생각하며 놀랄 것 같아요."

그때 클레어의 뇌리에 뭔가 스쳤다. "그는 당신의 이름을 알지
못했어요!"

"뭐라고요?" 킴은 어리둥절한 표정을 지었다.

"10분 전 그를 차에서 내려줬는데, 당신에게 안내를 받으라고
말했더니 킴이 누구냐고 묻더라고요."

"진짜예요?" 제프가 물었다.

클레어는 고개를 끄덕였다. "네, 똑똑히 기억해요."

킴은 약간 불쾌해 보였다. "하지만 저는 그를 흉보고 싶지는 않
아요. 아마 잔뜩 긴장해서 정신이 없었거나 오늘 아침에는 기분
이 별로였나 보지요."

제프는 신중했다. "당신 말이 맞아요, 킴. 그리고 당신은 절대로
그를 흉보지 않았어요. 당신 말만 듣고 결정짓지는 않을 거예요.
우리는 아주 신중해야 하거든요. 철두철미해야 하고요."

클레어는 킴에게 고맙다고 인사하고 이제 그만 나가봐도 된다고 말하려고 했다. 그런데 그때 뭔가 떠올랐다. "우리가 뭘 해야 하는지 알죠?" 특정인을 정해 던진 질문은 아니었다. 그녀는 자신의 질문에 스스로 답했다. "그가 오늘 기분이 좋지 않아서 그런 행동을 한 것인지, 아니면 그런 행동이 테드의 전형적인 모습인지 알아내야 해요."

"어떻게 해야 알아낼 수 있을까요?" 킴은 그 방법이 알고 싶었다.

"글쎄요. NBC에 레퍼런스 체크를 하는 건 어때요? 그 회사의 사무보조 직원들과 비공식적으로 이야기를 나눠보는 거죠."

제프가 어이없다는 얼굴을 했다. "프런트에 전화를 걸어서 '실례합니다. 테드 마치뱅크스는 얼간이인가요?'라고 물어보라고요?"

킴은 소리 내 웃었다. "그것도 괜찮겠는데요. 만약 그가 얼간이라면 기꺼이 그렇다고 말할 겁니다. 얼간이가 아니라고 해도 기꺼이 아니라고 말할 겁니다. 15분 안에 답을 알려드릴게요."

클레어와 제프는 부모님 차를 몰래 몰고 나가자고 모의하는 열다섯 살짜리 아이라도 된 듯 웃음을 터뜨렸다.

"하지만 그렇게 할 순 없겠죠?" 제프는 클레어에게 의견을 구했다.

그녀는 확신이 없는지 머뭇거렸다. "글쎄요, 공식적으로는 안

되겠죠. 그건 전문가답지 못한 행동이에요."

킴이 반박했다. "테드가 그렇게 행동한 이유를 찾지 않는 게 더 전문가적이지 않은 거죠."

"같은 생각이에요." 제프가 거들었다.

킴은 계속 말했다. "만약 그가 먹이사슬 아래 위치한 사람들에게 매번 그런 식으로 대한다면, 저는 그가 입사하길 바라지 않을 거예요. 그런 행동은 전혀 VB답지 않으니까요."

클레어와 제프는 '그녀 말이 옳아'라는 듯이 서로 쳐다보았다.

"그러면 정당하게 그에 대한 정보를 얻으려면 어떻게 해야 할까요?" 클레어는 정말 궁금했다.

킴이 진지한 목소리로 답했다. "제 남동생이 NBC의 인사 기록을 해킹하면 사람들이 그에 대해 어떤 불만을 가지고 있는지 볼 수 있을 거예요."

클레어는 깜짝 놀랐다. "농담이죠?"

"아뇨, 제 동생에게 그런 일은 식은 죽 먹기예요."

제프는 못 미더운 얼굴로 눈을 가늘게 뜨고 킴을 바라봤다.

클레어는 킴을 질책하려고 했다. "하지만 킴, 그건……."

킴이 상사의 말을 자르더니 크게 웃었다. "에이, 이보세요들. 농담이에요. 전 바보가 아니라고요."

클레어와 제프도 크게 웃음을 터뜨렸다.

"제 동생에겐 여자친구가 있는데요, 그녀의 여동생이 그 회사에서 일한 적 있어요. 그녀에게 물어볼 수 있을 겁니다. 그건 잘못된 방법이 아니죠?"

제프는 이쯤에서 대화를 끝내기로 했다. "그게 좋겠군요. 반드시 적절하고 예의 바르게 물어보도록 하세요. 나는 그와 함께 점심을 먹으면서 나름대로 파악해볼 테니까요."

"뭐라고 말씀하시려고요? 그에게 비서를 소홀히 대하는지 물어볼 건가요?" 클레어가 큰 소리로 물었다.

제프는 어깨를 으쓱해 보였다. "아마도?"

최고의 인재가 최적의 인재는 아니다

제프와 테드는 점심식사를 하기 위해 각자 온빌로 차를 몰았다. 점심식사 후에 테드가 갈 곳이 레스토랑과 같은 방향이었기 때문이다. 퍼시픽 블루스는 붐비지 않았다. 그들은 주위가 한적한 테이블에 자리를 잡았다. 주문을 한 뒤 제프가 단도직입적으로 물었다.

"지금까지 많은 사람과 면접을 보셨는데 어떠셨나요?"

"좋았습니다. 모두 좋은 분들이더군요. VB는 좋은 사람들이 많은 곳이라는 것을 익히 알고 있었습니다."

제프는 가능하면 직설적으로 말해야겠다고 결심했다. "우리 회사의 문화가 당신에게 잘 맞을 거라는 느낌이 드시나요?"

"물론이죠." 테드는 말이 떨어지자마자 대답했다. "이미 말씀드렸듯, VB는 좋은 회사입니다."

제프는 좀 더 밀어붙였다. "노스 배이의 문화는 어땠요? 우리 회사의 문화가 그곳과 어떻게 다르다고 생각하십니까?"

테드는 눈썹을 약간 찌푸렸다. 그 점에 대해 생각해본 적이 없는 듯했다. "글쎄요, VB가 상대적으로 작은 편이니만큼 형식적인 면이 좀 덜한 것 같다고 생각합니다."

"노스 배이는 형식적이었나요?"

"네, 그렇다고 할 수 있습니다. 항상 정장 차림이어야 하고 사무실은 더 고급스러웠죠."

"그런 것이 당신과 잘 맞았습니까?"

테드는 어깨를 으쓱했다. "저는 어떤 상황이든 잘 받아들이는 편입니다. 음, 저는 노스 배이의 그런 문화를 즐겼습니다."

"당신의 부하 직원들은 어땠나요? 당신의 경영 스타일에 대해 그들은 뭐라고 평가했나요?"

테드는 자세를 고쳐 앉더니 자신 있게 대답했다. "부하 직원들은 제가 좋은 상사라고 말하곤 했습니다. 그들에게 많은 노력을 요구하기는 했지만, 저는 직원들을 많이 신경 쓰는 상사였습니다."

"그 점에 대해 좀 더 설명해주시겠습니까?" 제프는 궁금했다.

테드는 잠시 생각했다. "저는 프로젝트를 마칠 때마다 직원들이 제대로 보상받는지, 회사에서 성장할 수 있는 기회를 얻는지 반드시 확인했습니다."

"당신의 주도한 프로젝트에 직접 참여하지 않은 직원들에게는 어떻게 대했나요? 관리직이나 비서 같은 직원들에게요? 그 직원들에게 당신에 대해 물으면 뭐라고 말할 것 같습니까?"

테드의 얼굴엔 어리둥절한 표정이 역력했다. 약간 짜증 나는 것처럼 보이기도 했다. "저는 사람들과 어떤 문제도 빚지 않았습니다. 그걸 알고 싶은 거죠?"

불편한 분위기를 감지한 제프는 아예 과감하게 치고 나가기로 했다. "애매한 질문이었다면 미안합니다, 테드. 좀 더 솔직하게 말씀드리지요." 그는 숨을 들이쉬었다. "VB 고유의 문화는 우리에게 정말로 중요합니다. 밥이 자리에서 물러난 지금 같은 상황에서는 더더욱 그렇죠. 우리가 가장 가치 있게 생각하는 것 중 하나는 다른 사람을 어떻게 대하느냐입니다."

테드는 알겠다는 듯 고개를 끄덕였다.

"밥은 상하 구분 없이 모든 직원들을 차별하지 않고 대했습니다. 맡은 직무와 상관없이, 어떤 부서에 일하는지와 상관없이, 연봉이 얼마나 많은지와 상관없이 말이죠."

"저도 그게 좋다고 생각합니다." 테드는 외교적으로 대답했다. "밥은 좋은 분이지요. 전적으로 동의합니다."

제프는 너무나 포괄적으로 이야기한 나머지 겸손의 중요성을 제대로 전달하지 못한 것 같아서 당황스러웠다. 그래서 좀 더 직설적으로 말했다.

"우리 회사는 모든 직원이 그렇게 공평하고 차별하지 않는 사람이어야 한다고 생각합니다." 그는 말을 멈췄다가 조금 더 파고들었다. "사실, 저는 그런 태도를 갖추지 않은 사람이 우리 회사에서 일하는 것을 싫어하도록, 또 불편해하도록 만들 생각입니다. 충분히 그런 행동을 취해야 될 만큼 중요한 사안이죠."

테드는 전혀 놀라지 않은 척했지만, 제프는 그가 '불편해하도록'이란 말을 들을 때 잠시 움찔하는 것을 놓치지 않았다. 테드는 계속 태연한 얼굴로 말했다. "저는 강한 조직 문화를 갖추는 것이 아주 중요하다고 생각합니다. 솔직히 말해, NBC가 그런 회사였으면 좀 더 좋았겠다는 생각이 듭니다."

제프는 테드의 말을 되새기며 고개를 끄덕였다. 제프는 이판사판의 심정으로 달려들기로 결심했다. "테드, VB의 문화를 간단히 설명하면, 서로 상호작용할 때는 겸손하고, 어떤 일이든 갈망하고, 팀워크는 영리하게 해야 한다는 것으로 요약할 수 있습니다. 우리는 그래야 이상적인 팀워크를 발휘할 수 있다고 믿습니다." 제프는 마음먹은 것보다 더 강한 어조로 말했다. 모호하게 말하는 태도는 별 효과가 없을 거라고 생각했다. "우리는 이 세 가지 문화를 늘 곁에 둘 겁니다. 우리는 채용할 때, 면접할 때,

회의할 때, 평가 면담할 때, 연봉을 결정할 때 언제나 이 세 가지에 대해 논의할 겁니다."

"성과는요?" 테드가 물었다. 약간 회의적인 말투였다. "적기에 예산에 맞춰 프로젝트를 끝내는 것은요?"

제프는 잠시 생각한 뒤 답했다. "물론 그것도 중요합니다. 반론의 여지가 없죠. 하지만 저는 겸손하고 갈망하고 영리한 직원들로 회사를 채우고, 직원들에게 각자 해야 할 일을 명확히 부여하면 자연스럽게 예산에 맞춰 적기에 프로젝트를 끝낼 수 있을 것이라고 믿습니다."

테드는 고개를 끄덕였지만 납득되지 않는 모양이었다. "좋은 계획 같습니다. 제가 도움이 될 수 있을 거라고 생각합니다."

제프는 한 발 물러났다. 그 뒤로 20분 동안 테드에게 그러면 어떻게 두 개의 신규 프로젝트, 다시 말해 병원과 호텔 프로젝트에 어떻게 자원을 배분할 것인지, 어떻게 채용을 진행할 것인지 질문했다. 테드는 교육에 나선 이 분야의 전문가처럼 답변을 했다. 제프는 테드에게 감사 인사를 했다. 개인적으로 테드와의 대화는 즐거웠다. 하지만 그는 여전히 테드가 VB에 적합한 사람인지 확신할 수 없었다.

면접을 끝낼 시간이 되자 그는 마지막 질문을 던졌다. "당신이 NBC에 있을 때 어땠는지, 당신이 우리 문화에 맞는 사람인지 저희에게 이야기해줄 만한 사람이 NBC에 있을까요?"

테드는 머뭇거렸다. "글쎄요, 제 부하 직원들이 이직하는 바람에 확인해봐야 할 것 같은데요."

제프는 그의 말을 정중히 잘랐다. "괜찮습니다. 대부분 이직했더라도 누군가는 남아 있지 않을까요? 당신을 잘 알고 식견이 뛰어난 사람이면 됩니다."

테드는 대답하기를 망설였다. 평정심을 잃은 듯 보이기도 했다. "이따 오후에 연락해 제가 몇 명의 이름을 알려드려도 괜찮을까요?"

제프는 괜찮다고 말하고 면접을 끝냈다.

"테드, 당신은 매우 뛰어난 사람입니다. VB의 문화가 당신에게 맞는다면, 당신은 우리 회사의 커다란 자산이 될 겁니다."

악수를 나누면서 제프는 테드가 이 말이 칭찬인지 비꼬는 말인지 헷갈려하는 것 같다고 생각했다.

레퍼런스 체크, 평판을 수집하라

하루가 끝날 무렵, 제프는 문자 메시지와 이메일을 확인했다. 테드는 아직 레퍼런스 체크를 할 사람들의 이름을 보내지 않았다. 클레어는 제프의 방에 잠시 들러 채용 절차를 시작해도 될지 질문했다.

"아직은 안 됩니다." 제프가 단정적으로 말했다.

클레어가 꾀를 생각해냈다. "음, 몇 년 전에 테드의 의뢰인을 만난 적이 있어요. 그에게 연락해보는 게 어떨까요? 그리고 킴의 남동생의 여자 친구의 여동생도 우리에게 곧 소식을 알려줄 거예요."

제프는 웃으며 말했다. "저도 기다리는 건 싫어요."

클레어는 갑자기 좋은 생각이 났다는 듯 소리쳤다. "아, 이런! NBC 인사 책임자에게 전화해보면 되겠네요. 그녀를 몇 번 만난 적 있어요. 테드가 이제 그곳에서 일하지 않으니까 그녀가 우리에게 도움이 될 말을 해줄 수도 있을 거예요."

그녀는 곧바로 전화를 걸려고 했다.

"그런데 우리가 알아내야 하는 것이 겸손뿐인가요?" 그녀는 연락처를 뒤적이면서 물었다. "그 밖에 알아내지 못한 게 또 있나요?"

제프는 어깨를 으쓱했다. "모르겠어요. 테드의 기술적인 역량에 대해선 의심할 만한 게 없으니, 우리가 우려하는 한 가지에 집중해야 한다고 생각합니다."

"포괄적인 레퍼런스 체크는 많이 해봤기 때문에 아주 익숙해요." 클레어는 전화번호를 찾은 듯했다. "한 가지만 집중적으로 파고들어 물어보는 건 저에게 아주 특이한 경험이에요."

"좋아요." 제프는 미소 지었다. "우리는 지금 올바르게 일하고 있는 게 틀림없어요. 게다가 우리는 VB가 '특이한' 회사이기를 원하잖아요? 그리고 사실 그건 어느 정도 신나는 일이고요."

"무슨 말씀인가요?"

"음, VB에 적합하지 않은 사람들은 우리가 조금 이상하다고 생각할 거예요. 그렇지 않나요?"

클레어는 조금 놀란 듯했다. "이상하다고요? 저는 겸손하고 갈 망하고 영리해지는 것이 이상하다고 생각하지 않습니다만."

"우리 모두는 당연히 그렇게 생각하지 않죠. 하지만 사회적으로 우둔한 사람이라면, 우리가 특별해지고 싶어서 유난 떠는 멍청이 라고 생각할 겁니다."

그녀는 고개를 끄덕였다.

"그리고 자존심이 강한 사람들은 우리 회사가 일하기에 이상한 곳이라고 생각하겠죠."

클레어는 이해하는 듯한 표정을 지었다. "사장님 말씀이 맞아 요. 우리는 좋은 방향으로 이상하죠."

"당연해요. 자, 그럼 테드 마치뱅크스가 좋은 방향으로 이상한 사람인지 알아봅시다."

클레어는 스피커폰을 켜고 번호를 누르면서 제프에게 작게 속 삭였다. "그녀의 이름은 마리예요."

전화 벨이 울리자마자 여자의 목소리가 들렸다. "예, 마리입 니다."

"마리, 저는 밸리 빌더의 인사 책임자 클레어 머시크입니다. 저희 CEO인 제프 선리 사장님이 지금 제 옆에 함께 자리하고 있습니다. 저를 기억하실지 모르겠네요. 몇 번 만났는데요."

"물론 기억합니다." 마리는 사무적인 말투로 말했다. "무슨 일입니까, 클레어?"

"네, 테드 마치뱅크스에 관해 몇 가지 말씀해주실 수 있을까 해서 전화 드렸습니다. 우리는 그를 채용할지 논의 중입니다. 그가 우리 회사에 적합한 사람인지 당신의 생각을 듣고 싶습니다."

마리는 주저했다. "글쎄요, 테드는 아주 능력 있는 전문가이지요."

"그렇군요." 클레어가 대답했다. "그의 태도는 어떤가요? 그가 열린 마음으로 피드백을 받아들이고 잘못을 기꺼이 인정한다고 생각하시나요?"

잠시 침묵이 흘렀다. 마리는 한참 있다가 입을 열었다. "말씀 드렸듯, 테드는 우리 회사 직원들 대다수와 비슷합니다. 전문적이고 긍정적인 사람이고, 열심히 일했죠."

클레어는 '의미 없는 답변'이라고 말하려는 듯 제프에게 눈살을 찌푸려 보였다.

그때 제프가 나섰다. "테드가 왜 NBC를 그만뒀는지, 그 이유를 말씀해주실 수 있나요?"

마리는 바로 대답했다. "아뇨, 말할 수 없습니다. 그건 규정 위반입니다. 하지만 그가 어떤 이유 때문에 해고된 건 아니라는 것은 말씀 드릴 수 있습니다. 그리고 그를 다른 회사에 추천할 용의가 있다는 말씀도 드릴 수 있습니다."

클레어는 음소거 버튼을 누른 뒤 제프에게 말했다. "그가 다른 회사에 적합할지 NBC가 어떻게 알까요?"

음소거 버튼을 해제하고 클레어는 한 번 더 부탁했다. "마리, 테드를 위해 일했던 비서 직원들은 그에 대해 어떻게 말할 것 같으세요?"

마리는 바로 답했다. "그에 대해 공식적으로 불만이 제기된 적은 없습니다. 당신에게 더 이상 뭘 말씀드려야 할지 모르겠네요."

빨리 전화를 끊고 싶어 하는 기색이 역력했다. 그녀는 유용한 정보의 원천이라 할 수 없었다.

클레어는 더 이상 대화를 어어가봤자 별 의미 없을 것이라고 판단했다. "고마워요, 마리. 시간 내주셔서 감사합니다."

"천만에요. 행운을 빕니다." 그녀는 쾌활하게 말하고 전화를 끊었다.

"아무런 도움이 안되는 통화였어요." 제프가 투덜거렸다.

"맞아요. 소송을 피하는 데만 신경 쓰는 회사에 전화를 하면 늘 이런 식이지요. 내일 아침 전까지 그가 레퍼런스 체크를 해줄 사람들의 이름을 알려줘서 도움이 될 만한 이야기를 들을 수 있기만을 바랄 뿐이에요." 클레어는 잠시 말을 멈췄다가 물었다.
"사장님의 직감은 어때요?"

제프는 이맛살을 찌푸리며 말했다. "50 대 50입니다. 잘 모르
겠어요. 레퍼런스 체크와 킴의 남동생의 여자 친구의 여동생을
통해 어느 쪽이 더 높은지 판단할 수 있는 정보를 얻으면 좋겠
네요."

클레어는 웃음을 터뜨렸다. 이때 제프의 휴대폰이 울렸다.

"전화 받으세요. 저는 회의하러 가야 합니다."

누가 전화했는지 알았더라면 그녀는 제프의 방을 떠나지 않았
을 것이다.

테드, VB의 제안을 고사하다

제프는 전화기에 표시된 번호가 누구 것인지 알아차리지 못
했다. 테드와 전화해본 적이 없었기 때문이다.

"제프, 테드 마치뱅크스입니다."

"테드, 당신이 이메일을 보냈는지 막 확인하려던 참이었어요.
무슨 일이신가요?"

"그것 때문에 전화 드렸습니다. 오늘 사장님과 점심식사를 하고
나서 아내와 이야기를 나눴습니다. 그리고……." 그는 망설이는

듯 잠시 말을 멈췄다. "음, 성급하게 업무에 복귀해서는 안 되겠다는 생각이 들더라고요."

제프는 놀랐다. "좀 더 자세히 말씀해주시겠습니까?"

"제가 조금 충동적이었던 것 같습니다." 테드는 담담하게 말했다. "제가 복귀할 준비가 되어 있는지 잘 모르겠습니다."

제프는 귀를 의심했다. 모두 상투적인 말로 들릴 뿐이었다. 정신이 아득해지는 것 같았다.

"조금 충격이라고밖에 말씀드릴 수 없네요." 제프는 자신의 감정을 솔직히 털어놓았다. "아뇨, 사실 아주 충격이 큽니다."

"그렇게 느끼시는 게 당연합니다. 제가 여러분들을 기만했다고 생각하실 수도 있겠네요. 죄송합니다."

제프는 반사적으로 대답했다. "아닙니다. 시간을 많이 허비한 것도 아니니 그런 말씀 마세요. 그리고 테드, 당신은 당신과 당신의 부인에게 최선이라고 생각하는 방향을 당연히 선택할 수 있습니다. 그러니 걱정하지 마십시오."

짧은 침묵 후에 제프는 확인하기 위해 물었다. "그러면 채용 절차에서 빠지겠다고 말씀하시는 건가요?"

테드는 잠시 말이 없다가 "네"라고 말했다. "지원을 포기하겠습니다."

"알겠습니다. 그래도 계속 연락을 주고받으면 좋겠습니다. 마음이 바뀌면 언제든 알려주세요." 제프는 테드가 이 말을 자신이 원하면 언제든 입사할 수 있다는 뜻으로 이해하지 않기를 바랐다.

"고맙습니다, 제프. 여러분에게 행운이 있기를 기원합니다."

이렇게 둘 사이의 통화는 끝났다.

전화를 끊은 뒤 제프는 앉아 여러 가지 감정이 교차하는 것을 느꼈다. 대부분 유쾌하지 않은 감정이었다. 한편으로 그는 클레어에게 곤경을 단번에 해결해줄 것으로 기대했던 사람이 그들의 손을 놓기로 결정했다는 사실을 전하기가 두려웠다. 바비에게는 더욱 그랬다. 이 소식을 전하면 두 사람의 사기가 심각하게 떨어질 것 같았다. 그보다 더 큰 문제는 앞으로 짧은 시간 안에 새로운 적임자를 찾을 수 있는가 하는 것이었다. 이런 생각만으로도 제프는 머리가 지끈거리는 것 같았다. 그런데 이상하게도 한편으로는 부담을 내려놓은 듯한 안도감이 들었다. 바비와 클레어에게 이런 감정을 어떻게 설명해야 할지 알 수 없었다. 물론 두 사람이 이런 자신을 이해해줄 거라는 확신도 들지 않았다.

테드는 왜 입사를 포기했을까?

제프가 테드의 소식을 어떻게 전해야 하나 망설이고 있는데,

클레어에게 먼저 전화가 왔다. 그녀는 미팅이 취소됐으며, 바비가 지금 사무실로 돌아오는 길이라고 말했다.

"바비가 테드의 면접은 어떻게 진행되고 있는지 알고 싶어 하던데요." 그녀가 말했다. "그래서 아직까지 새로운 소식은 없는 것 같다고 전했습니다."

제프는 낙심한 인상을 주지 않으려 애쓰며 말했다. "두 분 모두 잠깐 제 방에 와주겠어요?"

5분 뒤, 두 임원은 웃으며 제프의 방으로 들어왔다. 그들은 어떤 소식이 기다리고 있는지 전혀 몰랐다. 그런데 제프의 얼굴을 보자마자 바비는 뭔가 직감한 듯했다.

"어허, 뭔가 잘못됐나요?"

"왜요? 뭔가 좀 이상해 보이나요?" 제프가 물었다.

"좀 울적해 보이세요." 클레어가 무언가 눈치챈 것처럼 확신을 담아 말했다. "무슨 일이 있나요?"

제프는 숨을 크게 들이쉬었다. "자, 다들 앉으세요."

바비도 걱정스러운 듯 다시 한숨을 내쉬었다.

"이런 일이 있었습니다." 제프는 가능한 한 차분히 설명하려고 애썼다. "방금 테드에게 전화가 왔는데, 채용 절차에서 빠지고 싶다고 했습니다."

"뭐라고요?" 성격 급한 바비가 재빨리 물었다. "왜죠?"

"자신이 정말로 다시 일을 하고 싶은 건지 확신이 들지 않는다고 말하더군요."

바비는 이해되지 않는다는 듯 목소리를 깔고 말했다. "젠장, 은퇴한 걸 그렇게 지겨워하더니 이제 와서 무슨 소리래요? 그가 뭐라고 하던가요?"

제프는 클레어를 바라보며 대답했다. "그게 그가 말한 전부예요. 그런데 뭔가 더 이유가 있을 것 같긴 합니다."

"무슨 이유가 있을까요?" 바비는 궁금했다.

클레어는 제프에게 직설적으로 물었다. "우리가 그에게 겁을 주었다고 생각하시나요?"

"뭐라고?" 바비는 화가 난 듯 보였다. "우리가 왜……?"

"나는 문화에 관련해 우리가 던진 질문들 때문에 그가 상처를 받은 것은 아닌가 하는 생각이 듭니다." 제프는 담담하게 말했다. "기분이 상했거나 질문이 마음에 안 들었을 수도 있지요."

바비는 의아한 표정이 되었다. "레퍼런스 체크 때 그에 대해 별다른 이야기를 듣기라도 했나요?"

"그는 레퍼런스 체크 명단을 보내지 않았습니다." 제프가 설명했다. "하지만 우리는 다른 경로로 우리에게 도움을 줄 것 같은 몇몇 사람들과 접촉했지요."

클레어가 거들었다. "NBC의 인사 책임자에게 전화를 걸었는데 별로 도움이 되진 않았어요. 테드가 해고된 것은 아니라는, 이미 알고 있는 사실만 말하더군요. 다른 경로로 들어온 소식은 아직 없고요."

꽤 오랫동안 세 사람은 말이 없었다.

"여러분은 우리가 도가 지나치게 문화적인 측면을 강조한다고 생각하지 않나요?" 바비의 말은 질문이 아니었다. "내 말은 우리가 일을 그르친 것 같다는 뜻입니다."

제프는 바비의 말에 반박하고 싶었지만 그가 자신의 감정을 마음껏 표현하도록 놔두기로 했다. 바비는 멈추지 않았다.

"완벽한 사람은 없습니다. 우리 자신도 지원자들에게 멋대로 평가의 잣대를 들이댈 만큼의 인격자는 아니라고요. 게다가 우리는 그럴 만한 형편도 아닙니다." 바비는 제프에게 눈을 돌렸다. "필요한 인력을 확보하려면 그보다 많은 사람을 채용해야 할 거라고 말씀 드렸습니다. 그런데 사장님은 일을 더 어렵게 만들고 있어요. 마치 세계 챔피언과 권투 시합을 벌여야 하는데 등 뒤로 손 하나를 묶어놓은 것과 같습니다. 한마디로 정신 나간 짓이죠."

클레어가 반박했다. "바비, 그저 직원을 하나 뽑는 게 아니잖아요. 리더를 뽑는 일이라고요. 그것도 다른 직원들을 채용할 리더를요. 우리와 함께 일해야 하고, 우리가 의지해야 할 사람을 찾는 일이에요. 만약 잘못된 사람을 뽑는다면 결코 좋은 직원들을 뽑을 수 없을 거예요."

제프는 클레어가 자신의 뜻을 이해한 것 같아 고마운 마음이 들었다. 그녀가 질문을 던지기 전까지는.

"그런데 테드의 마음을 돌릴 방법은 없나요? 그의 결정이 확고해 보이던가요?"

"그가 그 문제에 대해 다시 생각해볼 것 같진 않아요." 제프는 답했다. "그리고 우리에게 그가 정말 필요한지 확신도 들지 않고요."

바비는 한숨을 내쉬었다. "우리가 설정한 겸손, 갈망, 영리함이란 세 기준이 잘못된 건지도 몰라요."

클레어는 어깨를 으쓱했다.

제프는 입사 제안을 거절한 한 남자의 결정 때문에 자신들의 기준과 원칙을 그렇게 쉽게 버릴 수 있다는 것을 이해하기 어려웠다. 그는 겸손, 갈망, 영리함이란 세 요소를 바탕으로 진행한 면접이 옳았음을 증명하기 위해 뭔가 해야겠다는 생각에 빠졌다. 그런데 좋은 방법이 생각나지 않았다. 그는 한참 동안 멍하니 앉아 있었다.

바비가 침묵을 깨며 말했다. "10분 안에 오크 리지 현장에 가봐야 합니다. 저녁 약속이 있거든요. 내일 뵙겠습니다." 그는 제프에게 눈길을 주지 않은 채 덧붙였다. "흥분해서 미안합니다. 하지만 저도 생각이 많네요."

이 말을 남기고 그는 자리를 떴다.

단순 명료함은 최고의 가치다

바비가 자리를 뜬 후 제프와 클레어는 서로를 바라보았다.
"겸손, 갈망, 영리함이란 모델에 뭔가 문제가 있다고 생각하나
요?" 제프가 물었다.

클레어는 깊이 숨을 들이쉬었다. "모르겠습니다. 너무나 명백한
기준이라 문제가 있을 것 같기도 해요. 우리가 이 세 가지 요소
를 무시한다면 같이 일하고 싶지 않은 사람을 뽑게 되겠죠. 하
지만 이 세 가지 기준이 너무 이상적인 것 같긴 해요."

그는 대화를 계속 이어가기를 원했지만, 나중에 이야기하는 것
이 더 낫겠다고 생각을 고쳐먹었다.

"마음을 가라앉히고 내일 다시 이야기합시다."

클레어는 이 제안을 순순히 받아들였다.

그날 밤 제프와 모린은 아이들을 재우고 이 문제에 대해 긴 대
화를 나눴다. 그가 모린에게 돌아가는 상황을 설명하자 그녀는
그가 최근에 들은 조언 중 최고의 조언을 건넸다.

"멍청이처럼 굴지 마요, 여보." 그녀는 솔직하게 말했다. "단순
하다는 것이 옳지 않다는 뜻은 아니에요."

"그러면 바비에게 어떻게 말해야 할까?" 제프는 이론적인 문제
가 아니라 현실적인 문제를 들이댔다. "그는 잔뜩 화가 났단 말
이야."

모린은 주저하지 않고 말했다. "그에게 멍청하게 굴지 말라고 말해요. 그 사람, 테드 몽고메리……."

제프가 그녀의 말을 정정했다. "마치뱅크스."

"아무렴 어때요? 테드 마치뱅크스는 같이 일하기에 정말 고약한 사람일지도 몰라요. 광고 회사에서 일했고 학교와 교회에서 자원봉사를 해봐서 저도 회사란 곳이 어떻게 돌아가는지 정도는 알아요. '적합하지 않은 네 번째 사람이 합류할 때'보다 '서로 잘 맞는 세 사람이 일할 때' 더 많은 것을 이룬다는 것은 사회생활을 한 경험이 없더라도 누구나 잘 알 거예요. 뭐니 뭐니해도 같이 일할 사람은 겸손해야 해요."

제프는 악마의 변호사(일부러 반대 입장을 취함으로써 상대방이 고정관념에 빠지지 않도록 만드는 역할을 말함 - 옮긴이)가 되어 반박했다. "우리는 테드가 겸손하지 않은 사람이라고 확신하지는 않아."

"정말요?" 그녀는 여전히 다정한 미소를 띤 채 믿기지 않는다는 표정으로 물었다. "당신이 말한 걸 종합해보니 그 사람은 완전히 정치적인 사람인 것 같은데요."

모린의 객관적이고 정확한 의견에 놀랐다는 듯 제프의 눈이 커졌다.

"정치적인 사람을 채용하면 어떤 일이 생기는지 당신도 잘 알잖아요." 그녀는 수사적으로 표현했다. "정치적일수록 더 문제가 많고 더 이기적인 법이죠. 밥 삼촌을 예로 들면, 그는 절대로 정치적인 사람이라고 볼 수 없잖아요."

제프가 뭔가 말하려고 했지만 모린은 계속 반박했다. "그리고 바비에 대해 제가 아는 바에 따르면, 그는 절대 정치적인 사람과는 일하고 싶지 않을걸요."

제프는 아내의 말이 옳다고 생각했다.

두 번째 사례 분석, 낸시와 크레이그

제프는 평소보다 일찍 출근했지만 뭘 해야 할지 갈피를 잡을 수 없었다. 클레어가 방에 들어오자 그는 자리에 앉아 전날 밤 모린과 나눴던 대화를 들려주었다.

"이론적으로 볼 때, 모두 일리 있는 말이네요." 그녀는 동의했다. "자, 우리는 지금 모든 걸 홀홀 던져버리고 그냥 여느 회사들처럼 경영할 수밖에 없다는 현실에 봉착한 거로군요."

제프는 일어서더니 잔뜩 찌푸린 얼굴로 말했다. "지금 우리에게 필요한 것은 테드 마치뱅크스는 그만 우리 머릿속에서 지워버리고 우리가 '겸손, 갈망, 영리함' 모델을 충실히 적용하고 있는지, 이 모델이 현실적으로 작동하고 있는지 따지는 겁니다."

"어떻게 해야 할지 모르겠어요. 어떻게 해야 바비를 납득시킬 수 있을지도요." 클레어가 말했다.

그때 제프에게 좋은 생각이 난 듯했다. "이 모델을 오크 리지 문제를 해결하는 데 적용해보면 어떨까요?"

"무슨 말씀인가요?" 그녀가 물었다.

"오크 리지 현장에서 일하는 사람들을 관찰하면서 '겸손, 갈망, 영리함'이란 세 요소가 그곳에서 발생한 문제를 해결하는 데 도움이 되는지 알아보자는 거죠."

"그런 제안은 바비가 함께 있는 자리에서 하셔야 할 것 같은데요?"

제프는 잠시 멈칫했다가 말했다. "당연히 그래야겠죠. 당신이 바비가 더 이상 테드 생각을 하지 않게끔 30분 안에 만들 수 있다고 장담한다면요."

"그렇게 만들 수 있습니다."

제프는 바비에게 전화를 걸어서 사무실로 복귀하자마자 자기 방으로 와달라고 했다.

"15초 안에 갈 수 있습니다." 바비의 목소리는 착잡하게 들렸다. "막 로비에 도착했거든요."

3분 후. 그가 방으로 들어왔다. "오래 걸려서 미안합니다. 오다가 화장실에 들렀어요."

제프는 바비가 유머 감각을 되찾은 듯해 반가웠다.

바비는 자리에 앉아 클레어가 화이트보드에 그린 오크 리지 프로젝트 팀 조직도를 바라봤다. 낸시와 크레이그의 이름이 맨 위에 적혀 있었고, 현장감독과 핵심 프로젝트 매니저 등 모두 9명이 포함돼 있었다.

"어떤 이야기를 할 거죠?" 바비는 농담기가 섞이지 않은 진지한 말투로 물었다.

제프는 숨을 깊이 들이쉬었다. "바비, 우리는 우리가 만든 겸손, 갈망, 영리함 모델이 우리가 처한 현실에 적합한지, 우리를 미궁에 빠뜨릴 이론적인 생각은 아닌지 알아내야 해요."

바비는 의자 등받이에서 몸을 약간 일으키며 말했다. "좋습니다. 그렇게 해보죠."

클레어는 화이트보드로 다가가 낸시의 이름에 동그라미를 쳤다. "우리는 낸시가 직원들을 파악하는 데 그리 유능하지 못하다는 사실에 이미 동의했어요. 하지만 그녀는 오만하거나 게으르지는 않습니다. 그녀는 겸손하고 갈망하는 사람이죠. 하지만 영리하지는 못해요. 그녀는 상황을 이렇게 엉망으로 만들어버린 장본인이니까요."

바비는 동의의 뜻으로 고개를 끄덕였다.

"그러면 그녀의 팀을 한번 보죠." 클레어가 제안했다.

세 임원들은 낸시 밑의 세 사람을 각각 살펴봤다. 세 사람 중엔 퇴직한 현장감독인 페드로와 칼이 포함돼 있었다. 검토한 결과, 페드로는 누가 봐도 세 가지 요소를 만족시키는 팀 플레이어였다. 반면 칼은 명백하게 갈망이 부족했다.

"이것이 바로 크레이그 밑의 직원들이 잔뜩 화가 난 이유예요." 바비가 밝혔다. "칼을 내보냈더라면 페드로가 지금도 계속 우리와 함께 일하고 있었을 거라고 장담합니다."

제프는 평가 결과에 만족했지만 바비는 아직 납득하지 못한 듯했다. 그래서 그는 좀 더 강하게 밀고 나갔다. "계속하세요, 클레어."

"좋아요. 이제 크레이그와 그의 팀원들에 대해 이야기해보죠. 크레이그는 어떻게 평가하세요?"

제프는 바비가 먼저 나서서 질문하는 모습을 보고 마음이 놓였다. 클레어가 설명을 이어갔다.

"크레이그는 틀림없이 갈망하는 사람입니다. 그는 제가 지금껏 함께 일해본 직원들 중에서 가장 열심히 일하는 친구입니다. 그에게 이거 해라, 저거 해라 지시할 필요가 전혀 없지요. 그는 사람들을 도우려면 자신이 어떻게 해야 하는지 항상 생각하는 사람입니다."

이제 제프가 대화에 끼어들었다. "그렇다면 그가 겸손하다고 생각하나요? 얼마 전에 만나봤는데, 그는 오만하게 구는 사람 같지는 않더군요."

바비는 고개를 끄덕였다. "손이 많이 안 가는 친구입니다. 주목받기를 원하지도 않죠. 자신의 공을 스스로 떠벌리는 직원도 아닙니다. 그가 맡은 부분엔 거의 문제가 없어서 신경을 쓰지 않아도 될 정도죠."

"그는 영리한가요?" 클레어가 물었다.

제프는 바비의 답을 기다렸다.

"글쎄, 나는 오크 리지 현장에서 빚어진 문제는 그의 잘못이 아니라고 확신해. 그걸 물어본 거라면 말이야." 그는 제프를 돌아보며 말했다. "최근에 크레이그를 만나보셨을 때, 어떤 느낌을 받았나요?"

"크레이그는 테드 같은 능숙한 외교관은 분명 아니라고 생각합니다. 그는 자기가 본 것을 있는 그대로 말하더군요. 완곡하게 말하지 않았습니다. 하지만 전 그게 좋아요. 그나저나 그의 부하 직원들은 그를 어떻게 생각하는지 궁금하네요."

"직원들은 그를 위해서라면 뭐든 할걸요." 바비가 자랑스레 말했다. "크레이그의 부하 직원들은 그를 아주 좋아합니다. 그는 직원들을 언제 책망해야 하는지, 언제 위로해야 하는지 잘 압니다. 가히 직장 상사의 모범이라고 부를 만한 사람이죠."

클레어가 덧붙였다. "매년 그는 직원들로부터 높은 점수를 받습니다." 그녀는 무언가 생각났는지 잠시 말을 멈췄다. "크레이그가 회사를 떠난다면 수십 명의 직원이 어디든 따라갈 거라고 장담할 수 있습니다."

제프는 대화를 진전시키기로 했다. "크레이그는 영리한 사람이고 팀 플레이어로군요. 계속 진행합시다. 그의 부하 직원들은 어떻습니까?"

클레어는 화이트보드에 적힌 다른 이름에 동그라미를 쳤다. "브랜든은 어떤가요?"

클레어는 크레이그와 함께 일하는 현장감독 중 하나인 브랜든을 잘 알고 있었다. 클레어가 브랜든이 얼마나 열정적인지 설명하려는데, 바비가 갑자기 끼어들었다.

"잠깐만요." 그는 언뜻 화가 난 듯 보였다.

제프와 클레어는 그를 바라봤다.

"우리는 정말 멍청하기 그지없군요!" 바비가 소리쳤다.

제프는 바비와 논쟁을 벌여야 할 거라고 생각하며 마음의 준비를 했다.

"크레이그를 채용하는 게 어때요?" 바비가 말했다.

"그는 이미 우리 직원이잖아요. 대체 무슨 말이에요?" 클레어가 의아해하며 물었다.

"아니, 내 말은 그를 임원으로 채용하는 게 어떻겠냐는 뜻이야."

제프는 크게 놀란 듯했다. "크레이그를요?"

"네, 안 될 게 뭐 있나요?" 바비가 대답했다.

"나는 그가 임원의 자질이 있다고 생각해본 적 없는걸요."

바비가 손사래를 쳤다. "에이 사장님, 그 친구는 비즈니스를 꿰뚫고 있다고요. 사장님이 직원을 평가하는 데 있어 겸손, 갈망,

영리함을 최고의 기준이라고 여긴다면 크레이그야말로 두말할 나위 없이 안성맞춤인 친구죠."

제프는 바비가 진심으로 하는 말인지 아니면 팀 플레이어 모델에 대한 자신의 믿음에 반박하려는 것인지 알 수 없었다.

고맙게도 클레어가 끼어들었다. "그를 테드와 비교하긴 어려워요. 테드는 2000만 달러 규모의 사업부를 이끈 경험이 있고, 회사 임원으로서 오랜 경력을 가지고 있죠. 하지만 그는……."

그녀는 말을 마치지 못했다.

바비가 대신 말을 이었다. "크레이그는 10년 동안 우리 회사에서 검증된 사람이야. 우리 모두 그가 팀워크에는 최고라는 걸 잘 알고 있지."

제프는 바비를 보며 말했다. "당신은 그가 충분한 역량을 갖췄다고 생각하나요? 그가 고도의 스트레스를 컨트롤하고 저글링하듯 한번에 여러 문제들을 다룰 수 있을까요?"

바비는 잠시 생각한 후에 답했다. "만약 그가 다른 회사에 임원으로 채용돼 아무런 도움 없이 홀로서기를 해야 한다면 저는 그 질문에 '아니요'라고 대답할 겁니다. 하지만 그는 VB에서 우리의 도움을 받을 수 있잖아요. 나는 그가 잘해내리라 믿어 의심치 않아요."

"정말요?" 클레어가 물었다.

바비는 주저하지 않고 말했다. "당연하지!" 바비는 회심의 일타를 날렸다. "당신도 그가 우리와 완벽한 팀을 이룰 거라는 점을 잘 알잖아. 테드 마치뱅크스보다 훨씬 말이야."

제프는 크게 놀란 듯했다. "당신은 테드가 이상적인 인물이 아니라는 것을 인정하는 건가요?"

바비는 약간 죄책감을 느끼는 듯 어깨를 으쓱했다. "저는 그가 과연 겸손한 인물인지 의심하고 있었어요. 하지만 사장님이 워낙 절박해하셔서……."

클레어는 바비의 말을 가로챘다. "바보 같은 짓을 했군요."

조직 부적응자는 어떻게 해야 할까?

제프는 이 정도에서 토론을 끝내고 싶었지만, 그에게는 아직 성가신 걱정거리가 하나 남아 있었다.

"그러면 낸시는 어떤가요?" 제프는 뜬금없이 이렇게 물었다.

"무슨 말씀인가요?" 클레어가 말했다.

"그녀처럼 세 가지 요소 중 하나가 부족한 사람이 있다면, 우리는 그 사람을 어떻게 대해야 할까요?"

두 사람은 바로 대답하지 못했다. 제프는 말을 이었다. "알다시피 우리는 그녀를 해고하기 어려워요. 그녀를 진정한 팀 플레이어로 만들려면 어떻게 해야 될까요?"

클레어는 형식적인 답변을 내놓았다. "글쎄요, 1 대 1 카운슬링을 하는 코치들이 많이 있으니까……."

바비는 고개를 세차게 저었다. "아냐, 그것으로는 충분하지 않아. 여러 달 걸리고 그러는 동안 문제만 더 심각해질 거야. 내 생각에 그런 코칭은 대부분의 경우 다음 직장을 준비하기 위해 사용하는 것 같아."

"그 말에 동의하지 않을 수 없군요." 제프가 말했다.

클레어는 논쟁을 벌이고 싶지 않았지만 이렇게 말했다. "우리에게 필요한 것은 좀 더 직접적이고 즉시 행동으로 옮길 수 있는 거예요. 그녀가 진정 변하길 원하는지 혹은 우리가 요구하는 바를 이해할 만한 능력이 되는지 빨리 감지할 수 있는, 그 무엇 말이에요."

제프에게 아이디어가 하나 떠올랐다. "그녀의 면접을 다시 잡으면 되지 않을까요?"

"무슨 말이죠?" 바비가 의아해하며 물었다.

"테드와 이야기한 것처럼 낸시와 함께 앉아서 대화를 나눠보면 어떨까요?" 제프는 대답을 기다리지 않고 바로 말을 이었다. "만약 그녀가 우리 회사를 다니고 싶어 하지 않는 거라면, 아마도 대화 도중 그런 마음이 드러날 겁니다. 그러면 그녀가 회사를 떠나면 되는 거죠."

바비는 완전히 기가 꺾인 듯 보였다. "아, 저는 진짜로 누구도 그만두는 걸 원하지 않아요." 클레어가 말꼬리를 잡기 전에 바로 말했다. "하지만 그것밖에 방법이 없다면, 저는 찬성입니다."

클레어는 바비의 어깨를 가볍게 토닥였다.

제프가 입을 뗐다. "마녀사냥 따위를 하려는 건 아닙니다. 나는 그저 조직문화와 관련해 우리가 추구하는 것이 무엇인지 설명하고, 그녀가 그것에 관심이 있는지 살펴보자는 거예요."

"그런데 만약 그녀가 관심을 표한다면요?" 바비가 물었다. "우리가 어떻게 그녀에게 영리해지는 방법을 가르쳐줄 수 있을까요?"

"조금 어려운 문제군요, 친구." 클레어가 끼어들었다. "만약 '훈족의 아틸라(Attila the Hun, '하늘의 재앙'이라는 별명으로 불리는 정복자로 서기 435년까지 20년간 훈족을 지배했다 – 옮긴이)'가 지금 이 방으로 들어와 사람들을 더 너그럽게 대하고 싶다고 저를 설득해야만 우리가 그녀를 더 영리하게 만들 수 있을 거라고 생각해요. 교육이든 성장이든 간에 모든 건 그 자신이 얼마나 많이 변화하고 싶은가에 달려 있지요."

바비가 동의했다. "클레어의 말이 맞아요. 무엇이든 자신의 의지가 가장 중요한 거예요. 그런데 친구들, 너무 부정적이게 생각하지는 말아요. 의외로 낸시가 우리의 뜻을 잘 알아들을 수도 있어요. 어쨌거나 우리가 살펴본 바에 따르면 낸시는 나쁜 의도를 가진 사람은 아니니까요. 그녀 나름대로는 아주 열심히 일을 하고 있어요. 그녀의 의도와 상관없이 팀워크에 도움이 안되는 것이 문제긴 하지만……."

제프는 낸시가 훈족의 아틸라보다는 수월하기를 바랐다. 그리고 희망의 끈을 놓지 않고 낸시에게 연락했다. 낸시의 생각이 어떨지는 알 수 없었지만 이런 과정이 앞으로 직원을 관리하는 데 좋은 경험으로 쓰일 것이란 건 분명했다.

5장

지표

한 번만 실행한다고 하여 기업문화가 바뀌고 조직이 개편될 수는 없다. 지금까지의 과정으로 얻은 결과를 통해 지표를 세워야 한다. 구체적이고 정확한 지표는 팀워크를 회사의 문화로 정착시키는 것을 지속 가능하게 한다.

낸시, 제프의 손을 잡다

    낸시가 제프의 방에 도착한 것은 점심시간이 조금 지났을 때였다. 제프는 그녀에게 만약을 위해 그날의 나머지 일정을 모두 비워달라고 부탁했다. 그는 그런 부탁이 그녀를 불안하게 만들 수 있다는 것을 알고 있었다. 미팅의 목적이 무엇인지 그녀에게 알려주지 않았기 때문이다. 하지만 그는 충분한 시간을 들여 그녀가 변화를 어느 정도까지 수용할 수 있는지 파악하고, 혹시나 그 후의 절차를 진행시킬 수 있다면 잠시 스트레스를 받더라도 충분히 그럴 만한 가치가 있다고 생각했다.

낸시는 커다란 책상을 향해 있는 의자에 앉았다. 그곳에 앉아 있는 그녀의 모습은 무척 불편해 보였다.

"잘 지내나요, 낸시?" 제프는 친절하게 물었다.

"잘 지내요, 제프." 그녀의 대답은 퉁명스럽기 그지없었다.

"CEO 자리는 마음에 드나요?"

그녀가 대답을 기대하고 질문을 던진 것 같진 않았지만 제프는 그녀가 알고 싶어서 질문한 것이라 간주하고 대답했다. "생각

했던 것보다 조금 버겁네요. 하지만 좋은 사람들과 같이 일하게
되어 다행이라고 생각해요."

낸시는 고개를 끄덕였다. '그거 잘됐군요'라고 말하는 듯했다.

제프는 그녀에게 친절하고 자신감 있게 대하자고 마음먹으면서
이야기를 시작했다. "내가 당신을 보자고 한 이유는 당신의 경
력과 성장에 대해 이야기하기 위해서입니다."

갑작스러운 말에 그녀는 어리둥절해하며 거리를 두려고 했다.

제프는 테드와의 대화를 떠올리면서 단도직입적으로 말했다.
"낸시, 팀워크가 우리가 중요시하는 가치 중 하나라는 것을, 그
리고 안전이나 품질 말고도 밥이 팀워크를 아주 중요하게 생각
했다는 것을 잘 알고 있죠?"

그녀는 고개를 끄덕일 뿐 아무 말이 없었다.

제프는 말을 이었다. "우리는 팀워크에 계속 초점을 맞출 겁니
다. 그리고 팀워크를 중심으로 VB를 한 발 더 전진시킬 생각이
에요. 우리가 올해 예년보다 많은 프로젝트를 수행해야 하는 상
황인데도 말이죠. 당신도 잘 알 겁니다. 세인트 헬레나의 호텔
건설건과 퀸 오브 더 밸리 병원의 증축건에 대해서요."

제프는 그녀가 두 프로젝트에 대해 알고 있으며, 그에 관련된
이메일을 수없이 받아보았다는 것을 익히 알고 있었다. 그는 계
속 말했다. "두 프로젝트에 소요되는 인력을 확보하고 성공적으
로 프로젝트를 마칠 수 있는 유일한 방법은 모든 직원이 하나의

팀처럼 일하도록 만드는 것이라고 생각합니다."

낸시는 눈을 굴렸다. 제프의 생각에 반대한다는 강한 신호였다. "직원들끼리 스킨십을 늘리자는 뜻이 아닙니다. 낸시, 당신은 잘 모르겠지만, 나는 포옹하고 손잡고 나무에서 떨어지는 사람을 잡아주는 식의 팀워크는 별로 좋아하지 않아요."

그는 처음으로 낸시의 얼굴에 미소가 스치는 것을 봤다. 비록 나타나자마자 사라지긴 했지만.

"어쨌든 나는 우리가 채용하는 모든 직원들, 함께 일하는 모든 직원들이 '팀 플레이어'에 대해 이해하고, 팀 플레이어가 되길 원하도록 만들고 싶습니다. 무엇보다 리더 자리에 있는 사람들부터 그래야겠지요."

낸시는 조금 전보다 더 크게 고개를 끄덕였지만, 관심이 있어 보이지는 않았다. 제프는 대화에 변화가 필요한 순간이라고 생각했다.

"그래서 나는 클레어, 바비와 함께 팀 플레이어가 어떤 사람을 의미하는지 정의하느라 최근 며칠 동안 아주 바빴답니다. 그리고 결국 세 단어로 요약했지요."

제프는 일어서서 화이트보드로 다가갔다. "팀 플레이어는 공통적으로 세 가지 요소를 지니고 있습니다. 그것은 겸손, 갈망, 영리함이죠." 그는 화이트보드에 세 단어를 쓰고 자리로 돌아왔다.

낸시는 아무 말도 없었다. 제프는 계속 말을 이었다.

"겸손은 아주 당연한 덕목입니다. 우리 조직에선 이기적인 사람을 용인할 수 없습니다. 갈망이란 열심히 일하고 자기 일에 열정적인 것을 뜻합니다. 그리고 영리함이란 자기 주위 사람들을 잘 파악하고, 그들을 긍정적인 방법으로 요령 있게 다룰 줄 아는 것을 말합니다."

낸시의 마음속에서 뭔가가 꿈틀거리기 시작한 게 분명했다. 낸시는 뭔가 말하고 싶지 않은 게 있는 모양이었다. 그래서 제프는 그녀에게 가장 중요한 질문을 던졌다.

"이 세 가지 요소를 기준으로 당신을 평가한다면 어떨 거라고 생각합니까?"

낸시는 의자에서 몸을 움찔거렸다.

제프는 그녀의 긴장을 풀어주기 위해 덧붙였다. "누구나 이 세 가지 중에 하나 이상은 갖추고 있죠."

이 말이 낸시에게 자극이 된 모양이었다.

"글쎄요. 저와 조금이라도 같이 일해본 사람이라면 제가 항상 갈망하는 사람이라고 말할 겁니다. 그게 제게 있어 가장 강한 요소라고 확신합니다." 낸시는 제프의 반응을 확인하려는 듯 말을 멈췄다.

그는 고개를 끄덕이며 말했다. "저도 그렇게 생각합니다."

"크레이그는 동의하지 않겠지만, 겸손함과 관련해 제가 문제가 있다고 생각하지는 않아요. 뻔뻔하게 들릴지 모르지만, 제가 특별히 이기적인 사람이라고 생각하지도 않습니다."

"크레이그도 같은 말을 했어요."

낸시는 진짜로 놀란 듯했다. "정말인가요?"

"확실합니다. 그가 나에게 직접 그렇게 이야기한 걸요."

미미하지만 분명히 방금 전보다 자신감이 드러나는 말투로 그녀가 말했다. "하지만 사회적인 상호작용에는 젬병이라고 말할 수밖에 없네요. 이건 영리함이란 요소에 해당하겠죠?"

제프는 고개를 끄덕였다. "맞습니다." 그는 낸시의 이야기를 들어보기 위해 지금은 아무 말도 하지 않기로 했다.

그녀가 말했다. "솔직히 말해, 저는 사람들에게 친절하게 대하는 데 많은 에너지를 쏟는 편이 아닙니다. 대신 일이 되도록 하는 데 초점을 맞추죠. 몇몇 직원들이 그런 모습 때문에 저를 좋아하지 않을 거라고 짐작은 하고 있습니다."

제프는 살짝 못 믿겠다는 표정을 지었다. "낸시, 그 점을 분명하게 짚고 넘어가볼까요? 당신은 사람들에게 친절하게 대하는 것이 에너지 낭비라고 생각하나요?"

낸시는 아무런 대답도 하지 않았다. 그는 말을 계속했다.

"친절하게 대한다는 건 서로 포옹하고 쓰다듬어주는 걸 말하지 않아요."

낸시가 웃었다. "알아요. 제가 사람들에게 친절하지 않은 건 스킨십 때문이 아니에요." 그녀는 자신에 대해 설명하기 위해 방법을 찾는 듯했다. "뭐라 말해야 할지 잘 모르겠네요."

제프는 부드럽게 질문했다. "낸시, 당신이 말하는 것을 다른 사람들이 어떻게 받아들일 거라고 생각하나요?"

질문에 대해 잠시 생각한 후에 그녀가 대답했다. "그 질문의 문제는…… 사교적으로 영리하지 않은 사람은 그 답을 알 리 없다는 거죠."

제프는 웃으며 말했다. "그 점에 대해서는 당신의 말이 옳아요."

낸시는 말을 이었다. "제가 회사에 남아 계속 일하려면……."

그녀는 잠시 머뭇거렸다. 제프는 자신이 무슨 제안을 하든 그녀는 관심이 없다고 말하리라 짐작했다.

그녀가 마음을 굳힌 듯 다부진 표정으로 입을 열었다. "내가 진정으로 나아지길 원한다면 누군가에게 도움을 요청해야겠지요." 그녀는 잠시 말을 멈췄다가 뜻밖의 문장을 던졌다. "예, 그렇게 하겠습니다."

제프는 벌떡 일어나 낸시를 껴안고 싶었다. 하지만 그렇게 하면 그녀가 자기를 바닥에 내동댕이칠 것 같았다.

"낸시, 제가 부탁드리려는 것은 그게 전부입니다."

1주일 후, 테드의 레퍼런스 체크

이틀 후, 제프는 크레이그의 승진을 공식적으로 발표했다. 직원들의 반응이 압도적이라 할 만큼 긍정적이어서 제프는 테드 마치뱅크스를 채용하지 않은 것을 다행이라고 여겼다. 그런데 그게 전부가 아니었다.

테드가 VB에 지원하지 않겠다고 선언한 뒤 며칠 후, '비공식적인 레퍼런스 체크 대상' 중 한 사람에게 전화가 걸려왔다. 전에 NBC에서 일했다고 소개한 그녀는 테드를 잘 안다고 했다. 그녀의 이름은 샌디로, 킴의 남동생의 여자친구의 여동생이었다. 처음에 그녀는 뭔가를 숨기는 것 같았다. 제프가 이렇게 말하기 전까지는 그랬다. "사실, 테드는 우리 회사에 입사하지 않겠다고 결정했답니다."

"알겠습니다." 샌디가 말했다. "그러면 제 의견이 필요없겠네요."

그녀가 전화를 끊으려고 하자 제프가 서둘러 말했다. "간단한 질문을 하나 드려도 될까요, 샌디. 저만 알고 있을게요. 원치 않으면 대답하지 않아도 좋습니다."

잠시 침묵이 흐른 후 그녀가 동의했다. "좋아요. 질문이 뭔가요?"

"음, 우리의 조직 문화는 아주……." 그는 말을 멈추고 정확하지만 현란하지 않은 단어와 문구를 찾았다. "철저하고 가식이 없습니다." 그는 계속했다. "우리가 느끼기에 테드는 너무……." 그는 조금 머뭇거렸다. "노련한 것 같아서 염려가 되었답니다. 제 말씀을 정확히 이해하실지 모르겠네요."

샌디는 웃음을 터뜨렸다. "아, 무슨 말씀인지 알겠어요."

제프가 뭔가 말하기 전에 그녀가 입을 열었다. "철저하다는 것은 제가 테드에 대해 말할 때 사용할 법하지 않은 단어네요."

제프가 말했다. "솔직히 말씀해주셔서 고맙습니다."

며칠 후, 클레어가 접촉한 사람에게서 연락이 왔다. 그는 테드의 의뢰인 중 한 사람으로, 샌디보다 덜 까다로운 사람이었다. 그는 이렇게 말했다. "잘 들으세요, 제프. 저는 밥 션리를 잘 아는데, 그와 테드는 성격이나 문화 차원에서 절대 같은 부류라고 볼 수 있는 사람이 아닙니다. 저에게 물어보셨으니 다행스럽게도 최악의 상황은 면할 수 있게 되셨군요. 이 정도 말씀 드리면 아시겠죠?"

클레어와 바비는 레퍼런스 체크의 결과를 듣고서 크게 안심했다. 그렇기는 해도 그들 셋 중 한 사람이 어느 날 갑자기 겸손, 갈망, 영리함이라는 모델에 대해 의심스럽다는 의견을 피력할 가능성은 여전히 남아 있었다. 만일 그러면 나머지 임원들이 모델을 신뢰하도록 설득해야 할 것이다. 물론, 백문이 불여일견이었다.

1개월 후, 혁신의 길을 걷기 시작하다

크레이그가 경영진에 합류하고 모든 직원들이 새로운 채용 모델을 전적으로 수용한 지 한 달이 채 지나지 않았을 무렵, VB는 완전히 변신했다고 할 수 있었다. 신규 채용이 필요한 자리는 이상적인 팀 플레이어들로 채워졌고, 두 프로젝트는 일정보다 빨리 진행되고 있었다. 겸손, 갈망, 영리함이 부족한 직원들은 모두 아무런 반감 없이 스스로 회사를 떠났다. 제프는 너무나 기쁜 나머지 말 그대로 하루하루를 날아다녔다.

그는 바로 병원 프로젝트를 떠올리며 어떻게 하면 적절하게 인력을 공급할 수 있을지 고민했다. 이 문제와 몇몇 실무적인 문제를 제외하면 제프는 회사가 추진 중인 프로그램들의 진행 상황이 전반적으로 마음에 들었다. 그중 가장 중요한 것은 클레어가 시행한 새로운 채용 프로그램이었다.

겸손, 갈망, 영리함이란 세 가지 요소를 찾아낸 그동안의 과정과, 테드와 몇몇 사람들을 대상으로 한 테스트를 통해 쌓인 경험을 바탕으로 클레어는 채용 절차에 관여하는 모든 사람들에게 아주 간단한 교육 프로그램을 실시했다. 팀 플레이어를 모집하는 일부터 면접을 통해 그들을 심사하는 일에 이르기까지 모든 채용 관리자들은 겸손, 갈망, 영리함의 기본 개념을 이해했고, VB에서 그 모델을 현실로 구현하는 데 자신들이 얼마나 중요한 역할을 담당해야 하는지 잘 알게 되었다.

채용 자체에 대해서 말하자면, 인력의 수는 아직 만족스러울 만큼 채워지지 않았다. 하지만 호텔과 병원 프로젝트에서 핵심 역할을 수행할 경력이 풍부한 직원들을 채용하는 방식으로 인력의 질을 높임으로써 이런 문제를 상쇄시킬 수 있었다. 클레어는 더 많은 외부 사람들에게 회사 문화에 적합한 지원자들을 찾아줄 것을 요청했는데, 그렇게 함으로써 채용이 점점 더 쉬워진다는 것을 깨달았다.

경영진이 거둔 가장 큰 성과는 오크 리지 현장에서 스트레스와 내부의 정치적 문제로 인해 퇴사한 현장감독 중 한 사람인 페드로를 다시 채용한 것이었다. 바비가 VB에서 새로이 구축 중인 문화에 대해 열정적인 태도로 설명하고, 낸시 모리스가 겸손한 사람으로 변화했음을 알려줌으로써 그를 다시 데리고 올 수 있었다.

제프의 재촉으로 낸시는 페드로와 한자리에 앉아서 오크 리지에서 발생한 문제들을 외면한 것에 대해 용서를 구했다. 페드로는 나중에 바비에게 그녀가 예전에는 절대 그런 식으로 말한 적이 없다고 이야기했다. 만약 그녀의 변화가 회사에서 일어나는 변화 중 하나라면 기꺼이 회사의 일부분이 되겠다고 페드로는 덧붙였다.

제프는 낸시의 변화에 크게 고무되어 이후 사흘 동안 회사에서 근무 중인 17명의 현장감독과 프로젝트 리더 모두를 일일이 만나 이야기를 나누기로 했다. 겸손, 갈망, 영리함에 있어 부족함이 없어 보이는 리더들을 대상으로 제프는 그 시간을 자신이 팀플레이어를 채용하고 육성하려고 노력하고 있음을, 그리고 VB 리더들 모두가 조직문화를 수호하는 데 최선을 다하고 있음을 보여주는 기회로 삼았다.

제프는 겸손, 갈망, 영리함의 면에서 분명한 결점이 발견된 몇몇 리더들에게는 좀 더 직접적인 접근 방식을 취했다. 하나나 그 이상의 요소를 개선할 필요가 있다는 데 합의한 뒤 그는 그들에게 세 가지를 분명히 했다. 첫째 개선은 선택 사항이 아니고, 둘째 개선을 위해 충분히 지원할 것이며, 셋째 동참하지 않기로 해도 문제 삼지 않는다는 것이었다.

결과적으로, 겨우 2명만 회사를 떠나기로 했다. 제프는 그들 중 한 사람에게 이직하지 말라고 설득했는데, 그녀는 이직하려는 이유가 자신이 문제의 대상으로 지목된 게 부끄럽기 때문이라고 했다. 또 다른 사람은 톰이라는 이름의 아주 까탈스러운 현장감독으로, 제프는 그를 붙잡지 않았다. 클레어는 제프가 톰이 스스로 회사를 나갈 거라고 말하자 가슴을 쓸어내렸다.

그녀는 제프가 이 모든 사람들과 인터뷰를 마치던 날, 이렇게 말했다. "알다시피 쉽지는 않을 겁니다. 두 프로젝트 모두 말이에요."

제프는 그녀의 말에 동의하면서도 밝게 미소를 지었다.

"하지만 저는 요즘처럼 즐겁게 일했던 적이 없는 것 같습니다."
클레어가 말했다.

"나도 그래요." 제프가 동의했다. "나도 마찬가지예요."

6개월 후, 중간 점검

비록 새로운 조직문화 모델이 확고하게 정착되긴 했지만, 제프는 병원과 호텔 프로젝트가 그리 부드럽게 진행되지 않는 것 같아서 걱정이 컸다. 하지만 바비는 별로 걱정하는 기색을 보이지 않았다.

"괜찮습니다, 사장님. 모든 게 원활하게 돌아가는 프로젝트는 없어요. 이 정도는 늘 있는 일이에요."

하지만 제프는 모든 것이 평범한 수준 이상으로 크게 나아지기를 바랐다. "나는 지금쯤이면 여러 사안들이 상당히 예상 가능한 상태까지 진행될 거라고 생각했습니다."

제프가 인터뷰하고 개선 계획에 동의한 리더들 중에는 오직 한 사람만 회사를 떠났다. 그에게 부족한 요소인 갈망은 노력으로 개선할 수 있는 부분이 아니라는 점이 분명했기 때문이다. 나머지 리더들은 노력의 정도에 따라 착착 개선되는 모습을 보였다.

하지만 클레어는 한두 사람쯤 더 회사를 떠날 거라고 예상했다. 이것 역시 제프를 괴롭혔다. 이때쯤이면 인력 수급 문제가 완전히 해결될 거라고 기대했기 때문이다.

"힘내요, 제프." 클레어가 그를 다독였다. "우리는 필요한 인력을 거의 다 채용했어요. 모든 게 바람직한 방향으로 흘러가고 있어요. 만약 사장님이 6개월 전에 VB가 요즘 같은 수준에 도달할 거라고 말했다면 저는 터무니없는 소리라고 일축했을 거예요."

그녀의 주장이 타당해서 반박할 논리가 없었지만, 팀 플레이어가 아닌 듯한 몇몇 직원들이 계속 VB에 존재한다는 것 자체가 제프의 신경을 건드렸다.

클레어가 말했다. "우리는 그들이 누군지, 그리고 그들을 개선시키려면 무엇이 필요한지 정확히 알아요. 사장님은 1년 전에 우리가 어땠는지, 대부분의 회사가 어떻게 일하는지 생각해볼 필요가 있어요."

이제 새로운 역할에 익숙해진 크레이그가 제프에게 가볍게 핀잔을 주었다. "완벽하지 못하다고 개선을 부정하는 짓은 그만두세요."

바비도 가세했다. "사장님은 이제 더 이상 컨설턴트가 아니잖아요. 이게 현실이에요. 저에게 맡겨주세요."

제프는 경험이 풍부한 동료들의 위로에 다소 안심했다. 그는 자신이 어느 정도는 편집증적이며, 그런 면이 자기 일에 일부 필요하다는 것을 잘 알고 있었다. 제프는 앞으로 어떻게 될지 지켜보기로 했다.

1년 후, 새로 태어난 VB

밥이 수술을 받은 지 1년이 지났을 무렵, VB는 많은 부분이 눈에 띌 정도로 변했다. 물론 변하지 않은 것들도 많았다. 밥은 진정한 은퇴 생활을 만끽하고 있었다. 그는 이따금 아내인 캐런과 함께 회사에 들렀는데, 그때마다 그는 제프와 사업에 관한 이야기를 하지 않으려고 조심했다. 일과 관련된 말을 한다면, 주로 제프를 놀리려는 것뿐이었다. 밥은 자주 이렇게 말했다. "그것 봐. 내가 좋아질 거라고 이야기했잖아."

크레이그는 임원으로 단단히 자리를 잡았고, 두 개의 대형 프로젝트를 관리하기 위해 매일 바비와 긴밀하게 협력했다. 또한 그는 낸시 모리스를 직접 관리했는데, 그녀가 가장 뛰어난 직원 중 하나라는 말을 자주 했다. 크레이그가 합류한 뒤, 네 명의 임원으로 이루어진 경영진은 더욱 친밀해졌다. 이제 크레이그가 빠진 경영진은 상상할 수 없을 정도였다.

하지만 '겸손, 갈망, 영리함' 모델이 만들어낸 가장 큰 변화는 업무 분장 측면에서 나타났다. 클레어와 적은 수의 직원들이 조직 문화를 유지하는 업무를 맡고 있었는데, 제프는 경영진과 직속 부하 직원들 모두에게 VB를 반드시 겸손하고, 갈망하고, 영리한 조직으로 유지시켜야 하는 책임이 있다고 명확하게 못을 박았다. 그는 팀워크 문화를 유지하는 데 특정한 이론이나 다들 쑥스럽게 만들 뿐인 스킨십 교환 따위는 필요없다고 지속적으로 직원들에게 상기시켰다.

구인 광고와 면접으로 시작해 성과 평가와 연봉 결정에 이르는 모든 대화에서 세 가지 덕목은 일상적인 주제로 자리를 잡았다. 그리고 팀워크의 다섯 가지 행동 강령인 신뢰, 건전한 갈등, 헌신, 책임감, 성과를 주제로 실천적이고 실용적인 교육들이 진행되었다. 이러한 교육 과정은 세 가지 근본 덕목을 갖춘 참가자들에게 매우 큰 효과를 발휘했다.

비즈니스와 관련된 몇몇 지표는 팀워크가 분명히 향상되었음을 보여주었다. 첫째, 채용은 헤드헌터와 외부 대행기관이 아니라 직접 직원들이 뽑는 방향으로, 단기 계약직 위주에서 주변의 지인이나 레퍼런스 체크를 통해 알아본 후 채용하는 정규직 위주로 변화했다. 둘째, 직원들의 사기는 명백하게 높아지고 이직률은 현저하게 떨어졌다. 하지만 이 점에 대해 제프는 부정적인 견해를 보였다. "만약 아무도 떠나지 않거나 떠나달라고 요구받지 않는다면, 우리는 진정으로 이 세 가지 가치를 추구하는 것이 아닐지도 모릅니다."

마지막으로 겸손, 갈망, 영리함 모델이 잘 작동하고 있다는 것에 명백히 증거를 삼을 수 있는 중요한 성과가 있었다. 호텔과 병원 프로젝트에 대한 의뢰인의 만족도가 제프를 비롯한 경영진의 예상보다 높았다. 비록 화재가 몇 번 발생하고 좋지 않은 시기에 예상치 못한 문제들이 발생하기도 했지만, 직원들이 힘을 모아 발 빠르게 대처했기에 더 큰 혼란은 발생하지 않았다. 어수선한 상황에서도 VB 사무실과 건설 현장 곳곳에 새로운 신뢰가 스며들었다.

VB의 리더들 중에서 겸손, 갈망, 영리함 모델이 어떻게 회사를 변화시켰는지 가장 정확하고 거침없이 설명할 수 있는 사람은 바로 바비였다. 외부에서 열린 4분기 경영진 회의가 끝날 무렵, 네 명의 리더들은 조직의 전반적인 건전도를 평가했다. 바비가 말했다. "개인적인 생각으로 지난해 이룬 일들 가운데 가장 최고의 것은 우리 회사가 거의 '얼간이 제로' 조직이 됐다는 것입니다. 어떤 일이 발생하든, 어떤 문제에 직면하든 얼간이가 아닌 직원들만 충분히 있다면 나는 흔쾌히 응하겠습니다."

이렇게 말한 뒤 바비는 제프에게 티셔츠를 한 장 던졌다. 티셔츠를 펼쳐 보니 '얼간이'라는 단어에 동그라미가 쳐져 있고 동그라미를 가로질러 직선 하나가 그려져 있었다 '얼간이 금지'라는 뜻이었다. 제프는 실제로 그 티셔츠를 입을 일이 없을 거라는 것을 잘 알았지만, 그것을 책상 서랍에 잘 넣어두었다. 회사의 리더로서 자신의 가장 중요한 책임이 무엇인지 잊지 않기 위해서였다.

THE IDEAL TEAM PLAYER

2부

=

이론

6장

모델

이상적인 팀 플레이어 모델에 대해 알아본다. 이상적인 팀 플레이어에게 꼭 필요한 세 가지 덕목 '겸손, 갈망, 영리함'의 개념을 구체적으로 알고, 이것들이 각각 어떻게 맞물리는지 살펴본다.

이상적인 팀 플레이어의 세 가지 덕목 '겸손, 갈망, 영리함'

  지금부터 이상적인 팀 플레이어 모델이란 무엇인지, 어디에서 비롯됐는지, 현장에 어떻게 적용할 수 있는지 논의해보겠다. 먼저 좀 더 큰 그림으로 이해해보자.

  짐 콜린스Jim Collins는 그의 유명한 저서 《좋은 기업에서 위대한 기업으로Good to Great》에서 특정 회사가 자사의 조직문화에 적합한 직원을 채용하고 유지하는 것을 "꼭 맞는 사람을 버스에 태우는 것"이라고 완곡하게 표현하면서, 이를 성공적인 기업의 중요한 특징이라고 이야기했다. 누구나 수긍할 만한 매우 단순 명료한 개념인데, 많은 리더들이 이를 쉽게 간과하고 개인의 역량이나 기술적 스킬을 기준으로 직원을 채용한다. 그 이유는 도무지 알 수 없다.

  팀워크를 조직문화로 정착시키려고 애쓰는 기업들은 세 가지 덕목인 '겸손, 갈망, 영리함'을 지니거나 적어도 이 세 가지 덕목을 수용할 능력이 되는 사람을 이상적인 팀 플레이어라고 인식해야 한다. 이 세 가지 '덕목'은 '자질quality', '자산asset'과 동의

어이며, 진실성과 도덕성을 함축하고 있다. 세 가지 중 가장 중요한 덕목인 겸손은 그 단어 자체만으로도 덕목임을 쉽게 알 수 있다. 갈망과 영리함은 자질이나 자산 카테고리에 해당한다.

겸손하고 갈망하며 영리한 팀 플레이어를 발견하고 육성하려면, 혹은 당신 스스로 그렇게 되려면, 먼저 단순해 보이는 이 세 단어의 뜻을 정확히 이해해야 하고, 세 단어가 합쳐져서 어떻게 이상적인 팀 플레이어를 만들어내는지 알아야 한다.

팀플레이어의 필수 덕목, 겸손

팀워크를 발휘하는 데 있어 겸손은 당연히 요구되는 덕목이다. 훌륭한 팀 플레이어는 이기심을 과도하게 드러내거나 상황에 대한 우려를 필요 이상 표출하는 법이 없다. 그들은 다른 사람들이 조직에 어떻게 기여하는지 재빨리 파악하고 그것을 칭찬하지만, 자신이 기여한 바는 좀처럼 자랑하지 않는다. 그들은 남을 칭찬하고, 자신보다 팀을 강조하고, 개인적인 성공보다는 모두의 성공을 지향한다. 당연한 말이지만, 겸손은 팀 플레이어가 되기 위한 가장 중요하고 가장 필수적인 속성이다.

그런데 놀랍게도 팀워크를 중요시하는 많은 리더들 가운데 상당수가 겸손하지 않은 직원을 용인한다. 그들은 자기중심적인 직원을 채용하고는 그 직원이 필요한 스킬을 지녔기 때문에 어쩔 수 없이 뽑은 것이라고 쉽게 합리화한다. 직원이 오만한 행동을 보이는데도 그것을 제지하지 못하는 경우도 많다. 그 직원의 개인적 기여도가 크다는 핑계를 대면서 말이다. 문제는 그런 리더들이 오만하고 자기중심적인 직원이 팀 전체의 성과를 좌지우지할 수 있다는 것을 깨닫지 못한다는 것이다. 이런 부정적 결과는 스포츠나 기업 등 '팀으로 활동하는' 모든 단체에서 찾아볼 수 있다.

겸손이 결여된 직원은 몇 가지 유형으로 구분할 수 있는데, 이들은 각각 명확히 구별되거니와 팀에 안 좋은 영향을 끼치기 때문에 반드시 잘 알아두어야 한다. 가장 알아보기 쉬운 유형은 화제가 무엇이든 자신에 관해 떠벌리기 바쁜, 누가 봐도 오만한 사람들이다. 이런 직원들은 허풍을 떨며 사람들의 시선을 자신에게 집중시키기에 급급하기 때문에 쉽게 눈에 띈다. 이기심에 따라 행동하는 유형이라고 말할 수 있다.

반면 조용하면서 속마음을 드러내지 않는 유형도 있다. 이들은 팀에 굉장히 해로운 존재이지만 발견하기가 상당히 어렵다. 이런 이들은 대부분 자존감에 문제가 있는데, 자기 자신에 대해 공공연하게 떠벌리지 않지만 다른 사람을 칭찬하는 일도 없다. 이들은 팀 동료의 성공을 자신에 대한 위협으로 간주하는데, 그래서인지 타인이 어떤 곤경에 빠졌는지 찾아내고 거기서 쾌감을 느끼기도 한다. 또한 좀처럼 타인의 비판을 받아들이지 못한다.

가장 덜 위험하지만 주목할 만한 가치가 있는 유형도 있다. 바로 자신감이 부족하지만 타인에게 관대하고 긍정적인 사람들이다. 이들은 자신의 재능과 기여도를 저평가하는 경향이 있는데, 그래서인지 다른 사람들은 이들을 겸손하다고 잘못 인식하곤 한다. 하지만 이것은 진정한 의미의 겸손이 아니다. 오만한 것은 분명 아니지만, 자기 자신의 가치를 올바로 인식하지 못한다는 것을 겸손하다고는 볼 수 없다. 진정 겸손한 사람은 자신을 실제보다 과대평가하지 않지만 자신의 재능과 기여를 과소평가하지도 않는다. C. S. 루이스C. S. Lewis는 "겸손은 자기 자신을 낮춰 생각하는 것이 아니라 자기 자신에 대한 생각을 덜 하는 것이다"라는 말로 겸손에 대한 사람들의 오해를 지적했다.

불균형해 보일 정도로 자존감이 위축된 직원은 팀에 해를 끼친다. 혁신적인 생각을 해내더라도 자신의 아이디어를 주장하지 않거나 조직 내에서 오로지 그만 어떤 문제를 알아차리더라도 동료들이 관심을 갖도록 만들지 못하기 때문이다. 이런 유형은 다른 유형보다 눈에 덜 띄고 덜 노골적이지만, 그럼에도 불구하고 분명 팀의 성과를 갉아먹는 존재들이다.

마지막으로, 가장 위험한 유형이 있다. 이들은 분명 겸손하지 않지만 남들에게 겸손하게 보이려면 어떻게 해야 하는지 정확히 안다. 이들은 팀의 사기를 꺾고 팀을 파괴하기 일쑤다. 이들은 자신에 대해 신뢰할 만한 사람이라는 인식을 형성해놓고 타인의 취약한 부분을 공격한 다음 자신의 이득을 챙긴다.

이 모든 유형의 공통점은 불안감이라 정리할 수 있다. 불안감 때문에 알게 모르게 자신감을 과도하게 드러내고, 동료의 성공에 분개할 뿐만 아니라, 자기 자신의 재능을 과소평가하는 것이다. 겸손하지 않은 모든 유형의 사람들이 팀에 똑같은 문제를 일으키는 것은 아니지만, 이들 모두 팀의 성과를 저하시키는 것만은 분명하다.

조직을 나아가게 하는 동력, 갈망

'배고픈 사람'은 항상 더 많은 것을 찾는다. 해야 할 더 많은 일을, 배워야 할 더 많은 것을, 책임져야 할 더 많은 것을. 이들은 항상 무언가를 찾고 갈구한다. 리더는 갈망하는 직원들에게 더 열심히 일하라고 채근할 필요가 없다. 스스로 동기부여된 부지런한 사람들이기 때문이다. 이들은 끊임없이 다음 단계와 다음 기회를 생각한다. 이들은 게으름뱅이라고 지적받는 것을 지독히 싫어한다.

팀에 갈망하는 직원들이 존재해야 하는 이유를 이해하기는 어렵지 않다. 이보다는 갈망하는 사람들 중 몇몇 유형이 팀에 좋지 않고, 심지어 해롭기까지 하다는 점을 이해하는 것이 중요하다. 갈망하는 사람들은 때때로 팀이 아니라 개인에게 유리한 방향으로 움직이는 이기적인 사람으로 보이기도 한다. 또는 정체성을 소모시키고 개인적 생활을 억압하며, 지나치게 중요한 업무에 극단적으로 치우치는 것처럼 여겨지기도 한다. 하지만 팀플레이어의 조건으로 언급되는 갈망은 건강한 유형을 뜻한다. 즉, 주어진 과업을 잘 수행하기 위해서, 그리고 필요하다면 그 이상을 달성하기 위해 '관리 가능하고 지속 가능하게 헌신'한다는 의미다.

다행스럽게도 팀원들에게 갈망이 부족하다는 것을 알면서도 모르는 체하는 팀 리더는 거의 없다. 비생산적이고 열정적이지 않은 직원들은 쉽게 눈에 띄고 팀에 명백히 문제를 야기하기 때문이다. 불행히도 분별없는 리더들은 그런 직원들을 너무나 자주 채용한다. 지원자들은 대부분 면접에서 갈망하는 사람처럼 보이도록 자신을 포장하는 법을 잘 알고 있다. 이렇듯 '배고프지 않은' 직원들을 채용할 경우, 리더들은 이들에게 동기를 부여하거나 벌을 주거나 질책하는 데 지나치게 많은 시간을 허비해야 한다.

좋거나 혹은 나쁘거나, 양날의 검 '영리함'

팀플레이어의 요건 중 영리함은 의미를 명백히 해둘 필요가 있다. 영리함이 지적 능력을 의미한다고 오해하기 쉽기 때문이다. 팀이라는 환경에서 영리함이란, 간단히 말해 '타인에 대한 상식'을 의미한다. 이는 대인관계를 잘 이해하고 그에 맞춰 적절하게 행동하는 능력과 전적으로 관련 있다. 영리한 사람은 집단 속에서 어떤 일이 발생하면 재빨리 알아차리고, 타인을 효과적인 방법으로 다룰 줄 안다. 이들은 적절한 질문을 던지고, 타인의 말을 경청하며, 대화에 몰두한다.

이것을 '감성지능Emotional Intelligence'이라고 말하기도 하는데, 영리함은 감성지능보다 조금 더 단순한 개념이다. 영리한 사람은 집단의 미묘한 역학 변화와 자신의 말과 행동이 미치는 영향에 대한 판단력과 직감이 뛰어나다. 그래서 이들은 동료에게 예상되는 반응이 나오지 않으면 섣불리 무슨 말을 하거나 행동을 하지 않는다.

영리함이 반드시 좋다고만 볼 수 없다는 점을 명심해야 한다. 영리한 사람은 좋은 목적으로 혹은 나쁜 목적으로 자신의 재능을 활용할 가능성이 있다. 사실 역사적으로 가장 위험했던 사람 중 몇몇은 영리하기로 유명했던 자였다.

이제 세 가지 덕목의 의미를 명확히 이해했을 것이다. 이는 참신하거나 새로운 개념은 아니다. 하지만 겸손, 갈망, 영리함은 개별적인 속성으로 존재할 때보다 하나로 연결될 때 더욱 강력한 힘을 발휘한다. 세 가지 덕목 중 하나라도 부족한 직원이 있다면 팀워크를 기대하는 것은 상당히 어려워지고, 때로는 팀워크를 형성하는 것 자체가 불가능하다. 이에 관해 이야기하기 전에 이상적인 팀 플레이어 모델이 어디에서 어떻게 비롯됐는지 설명하는 것이 좋을 듯하다.

겸손, 갈망, 영리함 모델의 시작

1997년 몇몇 동료들과 나는 경영 컨설팅 회사인 '더 테이블 그룹The Table Group'을 창업했다. 창업하기 전 같은 회사 같은 부서에서 함께 근무했기 때문에 우리는 팀 플레이어의 핵심가치를 '겸손, 갈망, 영리함'으로 정하자고 바로 결정 내릴 수 있었다. 이 세 가지는 예전 부서에서 준수하던 원칙인데, 우리는 새로운 회사에서도 이를 그대로 적용하고 싶었다. 그래서 우리는 이 세 가지 개념이 체화된 사람만 채용하고, 이에 위배되는 전략적 혹은 운영적 의사 결정을 내리지 않으려고 매우 조심했다. 컨설팅 업무를 하면서 우리는 리더들이 보다 좋은 팀을 만들 수 있도록 도왔고 전략, 전술, 역할, 책임, 회의, 그리고 조직을 꾸려가는 데 있어서 가장 중요한 가치에 이르는 모든 것들을 명확히 하도록 조력했다.

가치에 관해 논의할 때면 고객들은 더 테이블 그룹의 가치는 무엇이냐고 항상 물어보곤 했다. 우리는 겸손, 갈망, 영리함에 대해 공개적으로 선포한 적이 없다. 웹사이트나 그 어디에도 발표하지 않았다. 우리는 우리가 세 가지 덕목을 이해하고 충실히 이행하기만 하면 충분할 거라고, 고객들은 그것에 대해 알고 싶어 하지 않을 거라고 생각했다. 하지만 고객들이 계속해서 우리가 추구하는 가치에 관해 묻자 이에 대한 우리의 생각을 공유해야겠다는 결정을 하기에 이르렀다.

그런데 겸손, 갈망, 영리함이 무엇인지 설명하고 나면 이상하게도 고객들은 하나같이 이를 당장 자기네 회사의 핵심가치로 설정하고 싶다는 뜻을 밝히곤 했다. 물론 우리는 그때마다 조직의 가치는 모방하거나 차용할 수 없는 것이라고 설명했다. 조직 운영의 기준점이 되는 가치는 해당 조직의 독특한 역사와 문화를 반영해야 한다고 덧붙이면서 말이다. 우리는 우리의 가치에 대한 고객들의 관심이 편법을 도모하는 나태함이나 마찬가지라고 지적했다. 그럴듯하게 들리는 단어를 낚아채 가치에 대한 탐색 과정을 대충 마무리 지으려는 욕심이라고 말이다. 하지만 우리는 곧 우리가 그들의 선의를 오해했다는 것을 깨달았다. 겸손, 갈망, 영리함을 받아들이기 원하는 데는 그들 나름의 논리적인 이유가 있었다.

첫째, 우리 회사는 고객에게 컨설팅할 때나 회사 내부에서 업무를 진행할 때나 그 어떤 상황을 막론하고 팀워크가 거의 모든 것을 좌우한다 해도 과언이 아니었다. 우리는 우리 회사의 핵심 가치를 전파하기로 굳게 다짐했다. 둘째, 우리 회사와 관계 있는 거의 모든 기업이 팀워크에 큰 관심을 보였다. 우리는《팀이 빠지기 쉬운 다섯 가지 함정The Five Dysfunctions of a Team》이란 책으로 이미 유명세를 타고 있었다. 때문에 우리가 추구하는 핵심 가치가 주목받는 건 당연한 결과였다. 우리의 채용 요건과 핵심 가치가 팀 플레이어에 대한 정의를 담고 있다는 것도 그리 놀랄 만한 일이 아니었다. 당시에는 이를 깨닫지 못했지만 말이다.

우리는 이런 사실을 간파하자마자 겸손, 갈망, 영리함을 다른 조직에 다른 방식으로 적용하는 것이 과연 적합한지 살펴보기 시작했다. 그 결과, 이 세 단어가 반드시 핵심가치일 필요는 없지만 팀워크가 조직 운영의 중심이길 바라는 조직에선 이것이 필수적인 채용 요건임을 알게 됐다.

우리가 잘못 생각하고 있는 것은 아닌지 알기 위해 우리는 이런 질문을 던졌다. "겸손, 갈망, 영리함이라는 덕목을 받아들이지 않더라도 팀워크의 중심에 있는 다섯 가지 행동을 충실히 이행할 수 있을까?" 질문을 던질 때마다 그 답은 "아니요"였다.

겸손하지 않은 사람은 인간적인 면을 드러내면서 신뢰를 형성할 수 없다. 그래서 건전한 갈등 상황에 스스로 뛰어들기 어렵고, 타인에게 책임을 전가하기 쉽다. 그리고 그런 사람은 자신의 관심과 동떨어진 결정이나 업무에 몰입하기가 대단히 어렵다. 갈망이 부족한 직원은 불편한 갈등 상황에 기꺼이 발을 담그려 하지 않거나, 자신의 행동에 책임을 지려 하지 않거나, 혹은 결과를 달성하는 데 쉬운 길 외에는 선택하려 들지 않는다. 영리하지 않은 사람은 팀 구축 과정 전체에 불필요한 문제를 일으킬 가능성이 높다. 특히 건설적인 갈등 상황에서 약삭빠르게 숟가락을 얹거나 타인에게 책임을 추궁하는 짓을 벌일 수도 있다.

우리는 겸손함, 갈망, 영리함 모델을 재검토하고 토론한 결과, 팀워크를 구현하길 원하는 리더라면 반드시 겸손하고, 갈망하고, 영리한 직원을 발견하고 육성해야 한다는 점을 확신하게 됐다. 리더들은 이 세 가지 덕목을 함께 적용하는 법을 알아야 하고, 세 가지 중 하나 이상이 부족할 때 어떤 일이 일어나는지 잘 알아둘 필요가 있다.

이상적인 팀 플레이어 모델

4장에서 보여준 이상적인 팀 플레이어 벤다이어그램을 다시 살펴보자. 겸손, 갈망, 영리함이 모두 교차하는 가운데 부분은 이상적인 팀 플레이어가 갖춰야 할 자질을 보여준다. 하지만 지금 가운데 부분에 위치한 사람이라고 해서 앞으로도 세 가지 덕목 모두를 한결같이 완벽하게 보여줄 거라고 기대해선 안 된다. 완벽한 사람은 없다. 겸손하고 갈망하고 영리한 사람도 살면서 가끔은 운이 나쁜 시간을 경험하게 마련이다. 세 가지 덕목은 DNA에 새겨진 영구적인 성격이 아니라, 집이나 직장 등에서 경험하는 삶과 개인적 선택을 통해 개발되고 유지되는 것이다.

팀원들이 겸손, 갈망, 영리함이란 자질을 충분히 발휘한다면 팀이 빠지는 함정을 극복하기가 상대적으로 쉬워지고, 그에 따라 팀워크를 구축할 수도 있다. 다시 말해, 마음의 벽을 허물고, 신뢰를 구축하고, 생산적이지만 불편한 갈등 상황에 적극 참여하고, 처음에는 동의하지 않았더라도 집단이 내린 결정에 헌신하고, 성과 면에서 뒤떨어지는 동료들이 책임을 다하도록 독려하고, 자신의 이익보다 팀의 성과를 우선시하게 된다.

겸손하고, 갈망하고, 영리한 사람만이 거창한 코칭 프로그램 없이도 이 모든 것을 해낸다. 반면, 세 가지 덕목을 모두 지니지 않은 사람은 리더의 시간, 관심, 인내를 상당히 많이 필요로 한다.

지금부터 세 가지 덕목 중 하나도 갖추지 못한 사람부터 세 가지 덕목을 모두 갖춘 팀 플레이어까지 여러 가지 경우를 살펴보자.

아무런 덕목도 없는 사람

겸손, 갈망, 영리함이라는 세 가지 덕목이 모두 부족한 사람은 가치 있는 팀원이 될 가능성이 아주 희박하다. 이들이 세 가지 덕목을 개발하려면 오랜 시간 동안 엄청난 노력을 기울여야 한다. 다행스러운 것은 이들은 리더들의 눈에 쉽게 띄기 때문에 면접을 통과해 팀원으로 자리 잡을 가능성이 거의 없다. 불행한 일이지만 이들에게 먹고사는 일은 아주 어려울 수 있다.

하나의 덕목만 있는 사람

세 가지 중에서 두 가지가 부족한 사람에게도 팀 플레이어가 된다는 것은 힘겨운 싸움이다. 불가능한 것은 아니지만 결코 쉬운 일이 아니다. 각각의 경우를 살펴보자.

겸손만 있는 사람: '졸'

겸손하지만 갈망하지 않고 영리하지 않은 사람은 팀에서 체스의 '졸' 같은 직원이다. 이들은 예의 바르고 친절하며 잘난 체하지 않지만, 일이 성사되도록 만들려는 욕구가 희박하고, 동료들과 관계를 구축하는 능력도 없다. 이들은 대화 등 동료들과 얽혀 진행되는 다양한 활동을 피하려 드는 편인데, 그래서 팀의 성과에 별로 영향을 미치지 못한다. 이들은 체스판의 졸처럼 조직에서 큰 풍파를 일으키는 일이 없다. 그래서 이들은 조화를 중요시하고 성과를 크게 요구하지 않은 팀에서 꽤 오랫동안 살

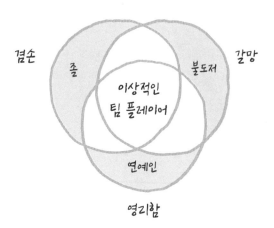

아남는다.

갈망만 있는 사람: '불도저'

갈망으로 불타오르지만 겸손하지 않고 영리하지 않은 사람은 '불도저'라 부를 수 있다. 이들은 일을 성사시키려는 의지가 확고하지만, 자신의 관심에만 초점을 맞출 뿐 자신의 행동이 다른 사람들에게 어떤 영향을 미칠지는 생각하지 않는다. 불도저들은 팀을 빠르게 파괴시킨다. 다행히 겸손만 있는 '졸' 같은 직원들과 달리 이들은 팀워크를 중요시하는 리더의 눈에 바로 띄기 때문에 팀에서 쉽게 배제시킬 수 있다. 하지만 조직이 성과에만 가치를 둘 경우, 불도저들은 활개를 치며 오랫동안 자기들이 옳은 줄 착각하고 지낸다.

영리함만 있는 사람: '연예인'

영리하지만 겸손하지 않고 갈망하지 않는 사람은 '연예인'이라고 부를 수 있다. 이들은 팀원들에게 재미를 주고 호감을 불러일으키기도 하지만, 팀과 동료들의 장기적인 행복에는 별로 관심이 없다. 이들은 자신이 지닌 사교적 능력 덕분에 불도저나 졸보라는 조직에서 오래 살아남는다. 하지만 팀에 대한 기여도가 무시할 만한 수준에 불과하기 때문에 금방 호감을 잃고만다.

두 가지 덕목만 있는 사람

이제 좀 더 가려내기 어려운 사람들에 대해 알아보자. 이들을 가려내기 어려운 이유는 이들의 장점이 약점을 덮어버리기 때문이다. 이런 유형은 세 가지 덕목 중 하나만 부족하기 때문에 이상적인 팀 플레이어가 될 가능성이 좀 더 높다. 하지만 한 가지만 부족하더라도 팀 구축 과정을 충분히 방해할 수 있다.

겸손하고 갈망하지만 영리하지 않은 사람: '돌발적인 사고뭉치'

겸손하고 열정적이지만 확실히 영리하지 않은 사람은 '돌발

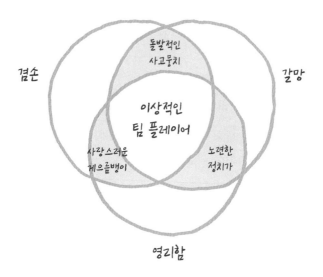

적인 사고뭉치'라고 부를 수 있다. 이들은 진심으로 팀에 기여하기를 원하지만, 필요 이상으로 관심 대상이 되는 것은 바라지않는다. 그렇다 보니 자신들의 말과 행동이 다른 사람들에게 어떻게 받아들여지는지 잘 알지 못해 그럴 의도가 전혀 없는데도팀 내에서 대인관계로 인한 문제를 빈번하게 일으킨다. 동료들은 이들의 업무 태도를 존중하고 진심을 다해 도움을 주려고 하지만, 결국 이 돌발적인 사고뭉치들이 남겨놓은 감정적 문제와대인관계 문제를 해결하는 데 염증을 느끼고 만다. 앞의 이야기에서 낸시는 돌발적인 사고뭉치라 말할 수 있다. 상대적으로 이기심이 적고 열심히 일하는 직원인 낸시는 대인관계를 형성하는 재주가 부족해서 팀에 불필요한 문제를 야기했다.

돌발적인 사고뭉치는 분명 골칫거리이긴 하지만, 세 가지 자질 중 한 가지만 부족한 유형 중에서는 팀에 가장 덜 위험한 존재다. 나쁜 의도가 없을 뿐만 아니라 보통은 다른 사람의 피드백을 기분 좋게 받아들이기 때문이다.

겸손하고 영리하지만 갈망하지 않는 사람: '사랑스러운 게으름뱅이'

겸손하고 영리하지만 여러모로 갈망이 없는 사람은 '사랑스러운 게으름뱅이'라고 부를 수 있다. 이들은 과분한 관심을 요구하지 않는다. 이들은 곧잘 동료들과 함께 일하고 동료들에게 신경을 쓸 줄 안다. 하지만 불행히도 이들은 정확히 요구받은 것만 실행하는 경향이 있다. 주어진 업무를 끝낸 뒤 알아서 추가적으로 해야 할 일을 찾거나 자발적으로 떠안는 법은 거의 없다. 게다가 이들은 팀 업무를 수행하는 데 열정적인 모습을 보이지도 않는다. 하지만 이들은 대개 매력적이고 긍정적인 사람들이라서 리더들은 이 사랑스러운 게으름뱅이를 야단치거나 자신의 팀에서 배제시키고 싶어 하지 않는다. 어쨌든 이들은 사랑스러운 존재들이니까.

4장에 잠깐 등장한 토미 벌레슨이 바로 사랑스러운 게으름뱅이다. 그는 얼간이도 아니고 나무늘보 같은 게으름뱅이도 아니지만, 딱 사람들이 자신에게 기대하는 것만 할 뿐 그 이상은 하지 않았다. 토미는 여러 가지 취미 활동에는 열정을 보였지만, 그런 열정이 일로 이어지지도 않았다.

사랑스러운 게으름뱅이들에게는 상당히 강한 동기부여와 관리 감독이 필요하다. 그렇지 않을 경우, 이들은 돌발적인 사고뭉치들보다 팀의 성과에 더 큰 손실을 끼친다. 그런데 이들보다 더 위험한 유형이 있다.

갈망하고 영리하지만 겸손하지 않은 사람: '노련한 정치가'

갈망하고 영리하지만 겸손함이 부족한 사람에는 '노련한 정치가'란 이름을 붙일 수 있다. 이들은 야망이 크고 기꺼이 열심히 일하지만, 그 일이 자신에게 개인적으로 이득이 될 때만 그렇게 한다. 불행히도 이들은 아주 똑똑하기 때문에 자기 자신을 겸손한 사람으로 포장할 줄 안다. 리더가 이들을 가려내 이들의 파괴적인 행동에 이의를 제기하기란 결코 쉬운 일이 아니다. 리더가 상황이 어떻게 돌아가는지 살펴보려 할 때는 노련한 정치가들이 이미 자신보다 겸손한 동료들을 꼭두각시처럼 조종하고 동료들의 사기를 꺾어놓는 등 파괴적인 행위를 끝낸 후일지도 모른다. 대부분의 사람들이 다수의 노련한 정치가들과 한 조직에서 함께 일하고 있다. 이들은 팀워크보다 개인적인 성과를 드러내는 데 노련하기 때문에 조직의 상층부로 승진하기 쉽다.

이야기 속에서 테드 마치뱅크스가 바로 노련한 정치가의 전형을 보여준다. 그는 카리스마 있고 야심만만하며 동기가 충만한 전문가로, 바로 그런 면모 때문에 제프를 비롯한 경영진이 그를 채용하려고까지 했다. 하지만 아쉽게도 테드는 자기 주변 사람들에게 별 관심이 없고 자기 자신의 성공에만 신경을 쓰는 것으로 드러났다.

주의 사항

몇 가지 주의 사항을 염두에 두기 바란다. 첫째, 사람들을 불도저, 연예인, 졸, 돌발적인 사고뭉치, 사랑스러운 게으름뱅이, 노련한 정치가로 정확하게 나누는 것이 생각처럼 쉬운 일이 아니다. 경솔하게 혹은 개인적인 감정으로 사람들을 섣불리 구별하는 일은 없어야 한다. 장난처럼 가벼운 마음으로 한 일이라고 해도 특정 팀원에게 잘못된 꼬리표를 붙이는 것은 상처가 될 수 있다. 둘째, 세 가지 덕목을 모두 갖춘 이상적인 팀 플레이어라 해도 세 가지 중에서 상대적으로 강한 자질이 있는 법인데, 그렇다고 해서 이들에게 이런 꼬리표를 붙여서는 안 된다. 예를 들어, 겸손하고 영리하지만 갈망이 아주 조금 부족한 팀 플레이어가 있더라도 그를 사랑스러운 게으름뱅이라고 부르면 곤란하다. 이 꼬리표들은 세 가지 덕목 중 한두 가지가 '확실하게' 부족한 사람에게만 사용해야 한다.

리더들은 이런 꼬리표를 사용하려면 '영리함'을 발휘할 필요가 있다. 그리고 이렇게 몇 가지 유형으로 구분하는 진짜 이유는 직원들을 이 칸 저 칸으로 분류하려는 것이 아니라 우리 팀에서 어떤 사람이 이상적인 팀 플레이어인지 인식하고 육성하기 위한 것임을 잊지 말아야 한다.

세 가지 덕목을 모두 갖춘 사람

겸손하고 갈망하고 영리한 사람: 이상적인 팀 플레이어

이상적인 팀 플레이어는 겸손, 갈망, 영리함을 충분히 갖춘 사람이다. 이들은 자신의 기여를 인정하고 관심을 가져달라는 욕심을 거의 부리지 않는다. 이들은 자신이 받은 칭찬이나 포상을 거리낌 없이 나누고, 어쩔 때는 못 찾아 먹기도 한다. 이상적인 팀 플레이어들은 에너지, 열정, 개인적인 책임감을 가지고 일하고, 팀에 좋은 것이라면 가능한 한 무엇이든 하려 든다. 이들은 팀 동료들이 제대로 평가받는다는 느낌, 존중받는다는 느낌, 소속됐다는 느낌을 갖도록 말하고 행동한다. 엄격함이 요구되는 어려운 상황에서도 말이다. 대부분의 사람들이 직장을 다니면서 이상적인 팀 플레이어들의 관리를 받거나 그들과 함께 일한 기억을 바로 떠올릴 수 있을 것이다. 그만큼 이들은 매력적이고 기억에 오래 남는 존재들이다.

지금까지 세 가지 덕목 각각을 정의하고, 이것들이 어떻게 각각 맞물리는지 알아보았다. 이제부터는 이 모델을 조직에 어떻게 적용할지 살펴보자.

7장

응용법

이상적인 팀 플레이어의 모델을 조직에서 실제로 어떻게 적용시킬 수 있는지 알아본다. 구체적인 방법을 체득하여, 이상적인 팀 플레이어를 조직문화로 정착시키도록 이끈다.

조직에서 이상적인 팀 플레이어 모델을 적용할 수 있는 주요 영역은 신규 직원 채용하기, 기존 직원 평가하기, 하나 이상의 덕목이 부족한 직원 개발하기, 조직문화 속에 팀 플레이어 모델을 정착시키기 등 네 가지라고 할 수 있다. 이들을 하나씩 살펴보자.

응용 1: 신규 직원 채용하기

팀워크가 조직에 뿌리내리게 만드는 가장 확실한 방법은 오직 이상적인 팀 플레이어만 채용하는 것이다. 물론 이것은 가능하지도 현실적이지도 않다. 특히 대부분의 리더가 모든 것이 부족하게 마련인 창업 초기에는 이상적인 팀 플레이어만으로 팀을 구성하는 호사를 누리지 못한다는 점을 감안하면 더욱 그렇다. 그러나 리더들은 새로운 사람을 뽑을 때마다 가능한 한 겸손하고 갈망하고 영리한 사람을 모으고 선별하고 채용하기 위해 최선을 다해야 한다.

겸손하고 갈망하고 영리한 사람을 정확하게 가려내고 선발할 수 있는 정량적인 진단 도구가 있으면 좋겠지만, 아직까지 그런 도구는 개발되지 않았다. 그러므로 리더는 면접과 선별적인 레퍼런스 체크를 통해 이상적인 팀 플레이어가 될 만한 사람을 채용하는 적중률을 높이려고 노력해야 한다.

면접 절차

이상적인 팀 플레이어를 가려내기 위해 면접에서 가장 중요한 것은 어떤 대답과 어떤 행동이 겸손, 갈망, 영리함의 가장 좋은 지표인지 알아내고, 그런 대답과 행동을 가능한 한 올바르게 판단하도록 면접을 진행하는 것이다. 시중에는 다양한 모델과 도구를 제시하는, '행동 면접Behavioral Interview'에 관한 책들이 아주 많이 나와 있다. 뻔해 보이지만 너무나 자주 간과되는 몇 가지 원칙에 집중하는 것이 핵심이다.

포괄적으로 질문하지 마라

두말할 필요 없이 당연한 것이지만, 여러 번 언급할 만한 가치가 충분한 말이다. 너무나 많은 면접이 너무나 포괄적으로 진행되는 탓에 지원자의 특정한 속성에 대해 아무런 통찰도 얻어

내지 못한 채 마무리되곤 한다. 많은 면접관들이 "그녀는 좋은 사람 같아요. 나는 그녀가 마음에 듭니다"라는 식으로 지원자들을 일반적인 기준으로 평가한다. 일주일에 한 번 집에 들러 잔디를 깎아줄 사람을 찾는 거라면 모를까, 겸손하고 갈망하고 영리한 팀 플레이어를 찾으려고 한다면 지원자의 특정한 행동과 속성을 파악하기 위해 보다 구체적인 면접을 실시하는 것이 매우 중요하다. 뒷부분에 지원자의 행동과 속성을 파악할 수 있는 몇 가지 질문을 예로 들어놓았다. 참고하기 바란다.

함께 모여서 면접 결과를 공유하라

면접 과정에서 가장 큰 문제 중 하나는 면접관들이 면접을 개별적으로 진행할 뿐, 의견을 서로 공유하지 않는다는 것이다. 다시 말해, 면접관들은 각자 면접을 진행한 뒤 자신이 발견한 내용을 면접 일정 전체가 끝날 때까지 서로 공유하지 않는다. 이렇게 면접을 진행하다 보면 나중에 하는 면접이 앞서 한 면접보다 결코 나아질 리 없다.

면접관들은 면접이 끝날 때마다 매번, 그것도 바로 결과를 공유해야 한다. 이때 겸손, 갈망, 영리함에 관한 사항을 중심으로 의견을 교환해야 한다. 만약 처음의 두 면접관이 지원자가 갈망적이고 영리하다는 데 동의한다면, 세 번째 면접관은 좀 더 많은 시간을 들여 지원자의 겸손함에 초점을 맞춘, 좀 더 직접적인 질문을 던질 수 있을 것이다.

집단 면접을 실시하라

나는 여러 팀원들과 함께 지원자와 한 방에서 이야기 나누는 것을 즐긴다. 이렇게 하면 면접 후의 결과를 공유하는 것이 좀 더 쉬워지기 때문이다(이를테면, "그 사람이 이렇게 이야기했는데 그가 말하려고 했던 게 뭐라고 생각해?"라고 바로 물을 수 있다). 또한 지원자가 한번에 여러 사람들을 상대해야 할 경우, 어떤 모습을 보이는지 파악할 수 있다. 이는 팀원으로서 일하는 데 매우 중요한 스킬이다. 집단 속에 있을 때와 1 대 1로 있을 때 아주 다른 모습을 보이는 사람이 있다. 이를 파악하려면 1 대 1 면접뿐만 아니라 집단 면접을 함께 진행하는 것이 좋다.

비전통적인 방식으로 면접을 진행하라

21세기에 들어선 지 오래인 데도 대부분의 인터뷰는 40년 전처럼 형식적이고 충분히 예상 가능한 대화로 진행되고 있다. 고리타분한 게 문제가 아니다. 이런 질문들이 조직과 팀에 적합한 행동 스킬과 가치를 지녔는지 파악하는 데 도움이 되지 않는다는 게 문제다.

어떤 사람이 나에게 누군가를 채용해야 할지 알 수 있는 가장 좋은 방법은 그와 함께 전국을 돌며 출장을 다녀보는 것이라고 말한 적이 있다. 오랜 기간 많은 스트레스를 받고 누군가와 항상 붙어 다녀야 하는, 스트레스를 받을 수밖에 없는 상황에서 어떻게 행동하는지 파악하라는 것이다. 물론 현실적으로 어려운 일이긴 하지만, 이런 식으로 가능한 한 전통적인 면접 방식을 탈피할 필요가 있다. 다양한 상황에서 여러 사람과 어떻게 상호작용하는지 살펴볼 수 있는 면접을 진행하라. 그리고 면접은 반드시 45분 이상 진행해야 한다.

지원자와 함께 회사 밖으로 나가 그 사람이 긴장을 푼 상태에서 사람들을 어떻게 대하는지 살펴보는 것도 좋다. 식료품점이나 쇼핑몰에 같이 가보는 것도 나쁘지 않다. 같이 차를 타고 가면서 그 사람이 질문에 대답하지 않는 동안에는 어떻게 행동하는지 살피는 것도 그 사람을 이해하는 데 도움이 된다. 어떤 비전통적인 방식을 적용하든 간에 지원자가 겸손하고, 갈망하고, 영리한지 보여주는 표시를 찾는 것이 중요하다는 점을 명심해야 한다.

몇 번이고 반복해서 질문하라

나는 이것을 '로 앤 오더(Law & Order, 1990년부터 2010년까지 미국 NBC에서 방영된 범죄 수사 드라마 – 옮긴이)' 원칙이라고 부른다. 유명한 범죄 수사 드라마에서 수사관은 범인이 자백할 때까지 같은 질문을 반복해서 던지곤 했다.

경찰 그 사람을 죽였나?

범인 아뇨.

경찰 그 사람을 죽였냐고?

범인 아뇨.

경찰 그 사람을 죽였지?

범인 그래요. 내가 그랬어요. 내가 그랬다고요!

우스꽝스러워 보일 수도 있지만, 같은 원칙이 면접에도 적용된다. 지원자에게 특정 질문을 한 번 던졌을 때는 당연히 일반적으로 통용되는 답변이 나오곤 한다. 그 질문을 다른 방식으로 다시 던지면 다른 답변을 얻을 수도 있다. 두 번째 답변이 마음에 들지 않으면, 좀 더 구체적으로 다시 질문을 던져라. 그러면 좀 더 솔직한 답변을 듣게 될 것이다.

다른 사람이라면 어떻게 대답할지 물어라

이것은 앞의 원칙('몇 번이고 질문하라')과 연관된 원칙이다. 지원자에게 겸손, 갈망, 영리함에 관한 행동이나 성격을 스스로 평가해보라고 요구하는 대신, 다른 사람이라면 그런 덕목에 대해 어떻게 대답할지 물어보라. 예를 들어, 자기 자신이 열심히 일하는 사람이라고 생각하는지 묻기보다는 "동료들은 당신의 업무 스타일이 어떻다고 말할 것 같습니까?"라고 물어보라. 또는 지원자에게 동료들과 잘 어울려 지내는지 묻기보다는 "동료들과의 관계에 대해 당신의 상사는 어떻게 말할 것 같나요?"라고 물어보라. 지원자에게 겸손한지 묻기보다는 "제가 당신의 동료들에게 당신의 겸손함 수준을 평가해달라고 요청하면 그들은 어떻게 말할까요?"라고 물어보라.

이렇게 질문해봤자 뻔한 답이 나올 거라고 생각할 수도 있지만, 사실 이렇게 질문해본 면접관은 별로 없을 것이다. 질문에 작은 변화를 가한다고 해서 별다를 게 있겠냐고 회의적으로 생각할 수도 있다. 하지만 다른 사람의 입장에서 답하도록 하면 지원자는 좀 더 솔직하게 말하는 경향을 보인다. 레퍼런스 체크를 하는 면접관이 이런 질문을 던진다면, 지원자는 다른 사람의 관점을 제멋대로 전달하는 게 결코 쉽지 않을 것이다. 어쨌든 다른 사람이라면 어떻게 대답할지 묻는 방법은 좀 더 믿을 수 있는 답변을 들을 수 있도록 해준다.

지원자에게 몇 가지 실제 업무를 해보도록 요청하라

이 방법은 항상 적용할 수 있는 것은 아니다. 가능한지 여부는 일의 성격에 달려 있다. 예를 들어, 의사를 채용하기 전에 수술해보라고 요청할 수는 없다. 하지만 편집자나 광고 관리자, 혹은 경영 컨설턴트라면 실제 업무를 가상으로 진행해보도록 할 수 있다. 이 방법의 목적은 공짜로 일을 시키려는 게 아니라 지원자가 실제 상황에서 어떻게 행동하는지 살펴서 그가 겸손하고, 갈망하고, 영리한 사람인지 판단하려는 것이다.

예감을 무시하지 마라

겸손, 갈망, 영리함 세 요소에 대해 조금이라도 의심이 든다면 무시하지 말고 계속 살펴라. 대개 그런 의심이 들게 만드는 이유가 있게 마련이다. 열린 마음을 유지하지 말라는 뜻이 아니다. 지원자가 이상적인 팀 플레이어의 덕목을 갖춘 사람이라고 간주하는 실수를 범할 수도 있다는 뜻이다.

너무나 많은 채용 관리자들이 면접 중 빨간 경고등을 보고도 무시한 채 좀 더 많은 시간과 에너지를 들여서 지원자를 파악했어야 한다고 후회하곤 한다. 100퍼센트 적중률로 최고의 인재를 채용하는 것은 불가능에 가까운 일이다. 지원자의 겸손, 갈망, 영리함에 대해 계속 의심이 든다면 좀 더 면밀히 살펴볼 필요가 있다. 경우에 따라서는 채용 자체를 취소해야 될 수도 있다.

진실한 마음으로 지원자에게 겁을 줘라

겸손하고, 갈망하고, 영리한 사람을 뽑기 위해 내가 즐겨 사용하는 방법 중 하나는 솔직하게 '겸손, 갈망, 영리함'이 필수 조건이라고 말하는 것이다. 이 방법은 면접 절차의 마지막에 적용하는 것이 적합하다.

면접 진행, 면접 결과 공유, 추가적인 면접 등이 끝나면 지원자가 겸손하고, 갈망하고, 영리한 사람인지 꽤 정확히 알 수 있게 된다. 하지만 이 모든 과정이 끝났는데도 확신이 들지 않는다면 지원자에게 입사 제안을 하기 전에 이 세 가지 원칙이 절대적으로, 무조건적으로 중요하다는 점을 이야기하고, 만약 어찌어찌해서 면접을 통과해 입사하더라도 이 세 가지 원칙에 들어맞지 않는 면모가 있다면 계속 일하는 것이 곤란해질 수도 있음을 확실히 전달하라. 일단 입사하면 그렇게 행동할 것을 계속해서 요구받게 될 것이고, 그것 때문에 일하기가 힘들어질지도 모른다는 점을 지원자들에게 알려줘라. 아울러 지원자들이 겸손, 갈망, 영리함의 조건에 부합한다면 환상적인 직장 생활이 될 것이라고 확신시켜라.

많은 사람들이 회사에서 강조하는 가치에 부합되지 않으면서도 어떻게든 입사하려고 한다. 하지만 매일매일 자신의 행동이 그 가치에 위배되지 않는지에 대해 책임을 져야 한다는 점을 알게 되면 무슨 수를 써서라도 입사하겠다는 생각을 하지는 않을 것이다. 두말하면 잔소리이지만 지원자가 겸손, 갈망, 영리함이 그럴듯한 말에 불과하다고 생각하는 경우라 해도 그 가치들을 끝까지 강조하고 관철시키는 것이 중요하다.

면접 질문들

이제 겸손, 갈망, 영리함을 파악하는 데 도움되는 몇 가지 질문을 제시하겠다.

겸손을 파악하기 위한 질문들

• "직장에서 이룬 가장 중요한 성취에 대해 이야기해보시오."

이 질문에 대한 답변에서 '나'보다는 '우리'라는 말을 얼마나 많이 언급하는지 주목하라. 물론 일일이 그 개수를 세라는 소리는 아니다. 지원자가 자신을 팀의 구성원으로서가 아니라 개인적으로 더 많이 언급한다면, 그가 혼자 일했는지 아니면 다른 사람들과 같이 일했는지 캐물어라.

• "직장에서 가장 난처했던 순간 혹은 가장 크게 실패했던 순간은 언제입니까?"

난처했던 일(혹은 실패)을 지원자가 좋은 경험으로 여기는지 아니면 그것 때문에 굴욕감을 느끼는지 살펴라. 일반적으로 겸손한 사람들은 자신이 불완전하다는 것을 기꺼이 인정하기 때문에 이런 이야기를 꺼내는 것을 두려워하지 않는다. 이 질문을 통해 지원자의 부족한 점이 무엇인지 알려주는 세부 사항과 참조 사항을 찾아라.

• "난처했던 순간이나 실패를 어떻게 극복했습니까?"

이 질문으로 지원자가 자신의 책임을 인정하는지, 그것으로부터 무엇을 배웠는지, 자신이 배운 것을 실제로 행동에 옮겼는지에 관해 세부적인 내용을 살펴보라.

- **"당신의 가장 큰 약점은 무엇입니까?"**

이 질문이 고리타분하다는 건 인정한다. 하지만 이는 여전히 면접 시 던질 수 있는 좋은 질문들 중 하나다. 이 질문의 핵심은 실재적이면서도 조금은 아픈 대답을 듣는 것이다. 자신의 약점을 강점처럼 이야기하는("저는 너무 많은 것을 떠맡습니다" 혹은 "저는 잘 거절하지 못합니다") 지원자는 약점을 인정하는 것을 두려워하는 사람임이 분명하다. 이런 대답을 피하려면 지원자를 코칭하듯 질문하는 것이 좋은 방법이다. "나는 당신이 자신의 어떤 면을 변화시키고 싶어 하는지, 아니면 당신이 좀 더 노력해야 할 부분에 대해 당신의 친구들은 어떻게 말할지 정말로 알고 싶군요." 이런 식으로 질문을 던져보라. 지원자의 태도가 훨씬 유연해질 것이다. 지원자의 답변에서 주목해야 할 부분은 약점 자체가 아니라(지원자가 도끼 살인마가 아니라면) 자신의 약점을 실재적인 것으로 편안하게 인정하는가 여부다.

- **"당신은 사과를 하거나 사과를 받을 때 어떻게 행동합니까?"**

구체적으로 질문하고 그 내용을 구체적으로 파악하라. 겸손한 사람은 미안하다고 말하는 것을 두려워하지 않는다. 또한 다른 사람의 진정한 사과를 기꺼이 받아들인다. 이렇게 행동하는 사람은 보통 구체적으로 이야기하게 마련이다.

- **"당신이 정말로 중요시하는 영역에서 당신보다 뛰어난 사람에 대해 말해보십시오."**

지원자가 자신보다 스킬과 재능이 더 뛰어난 사람에 대해 진정으로 감탄하며 말하는지 살펴라. 겸손한 사람은 기꺼이 그렇게 한다. 자기중심적인 사람이라면 보통 그렇지 않다.

갈망을 파악하기 위한 질문들

- **"지금껏 살면서 무언가를 위해 일한 경험 중 가장 힘들었던 것은 무엇입니까?"**

고통스러웠던 이야기를 즐거웠던 추억처럼 구체적으로 이야기하는지 살펴라. 다시 말해, 지원자가 그 이야기를 하면서 불평을 늘어놓지 않는지, 그 경험을 감사해하는지 관찰하라.

- **"일하지 않는 시간에는 어떤 것을 즐겨 합니까?"**

이 질문에 대한 대답으로 시간을 많이 들여야 하는 취미 활동을 말한다면, 그 지원자는 직업을 '다른 것을 즐기기 위한 수단'으로 본다고 생각하면 된다. 그렇다고 해서 갈망하지 않는다는 것을 보여주는 특정한 활동이 있는 것은 아니다. 일 외의 삶에 관심이 없는 사람을 뽑으라고 말하는 것도 분명 아니다. 그렇더라도 익스트림 스키, 개썰매 경주와 같은 하드 코어 취미 활동은 지원자가 개인적 목적보다 팀의 요구를 우선시하지 않을 것임을 보여주는 빨간 경고등일지도 모른다.

- **"10대 청소년일 때 열심히 했던 것이 있습니까?"**

학업, 스포츠, 아르바이트 등에 관한 구체적인 경험을 살펴라. 지원자가 운동이라고 답한다면 좋은 성적을 내거나 선수로 뛰었는지 여부가 아니라 운동을 하면서 즐겁고 재미있었는지 살펴라. 어려움과 곤경을 겪거나 희생했던 이야기도 물어봐라. 나는 사람들에게 고등학교에 다닐 때 무언가를 얼마나 열심히 했는지 묻기를 즐긴다. "잘하려고 정말로 노력했나요?" "아르바이트를 한 적이 있나요?" "운동을 잘하려고 엄청나게 열심히 연습했나요?" 이런 질문들은 특정한 답을 찾기 위한 게 아니라 지원자가 직업윤리를 지니고 있는지 증거를 찾기 위한 것이다. 항상 그런 것은 아니지만 직업윤리는 보통 어렸을 적에 형성된다.

- **"하루 중 언제 일하는 편입니까?"**

열심히 일하는 사람들은 독특한 상황이 아니라면 대부분 아침 9시부터 오후 5시까지만 일하기를 원하지 않는다. 이들은 남은 일을 집에 가지고 가곤 한다. 주어진 근무 시간에만 일하는 방식에 묶여 있지 않고 도전적으로 일하고 싶어 못 견뎌하는지 보라는 말이 아니다. 하지만 만약 지원자가 주어진 근무 시간으로 충분하다고 강조하고 '일과 삶의 균형'에 대해 너무 많이 언급한다면, 그는 갈망하지 않는 사람일 가능성이 있다. 다시 말해, 이 질문은 리트머스 시험지가 아니라 빨간 경고등을 발견하기 위한 것이다. 가족보다 일을 우선시해야 한다고 말하려는 것이 절대 아니다. 지원자가 주어진 근무 시간에 지나치게 집착한다면 그는 당신이 원하는, 갈망하는 팀 플레이어가 아닐지도 모른다.

영리함을 파악하기 위한 질문들

질문을 몇 개 던져서 지원자가 영리한 사람인지 파악하기란 결코 쉬운 일이 아니다. 질문보다 중요한 것은 면접하는 동안 그 사람의 행동과 대답하는 방식을 관찰하는 것이다. 바로 이런 이유에서 지원자를 전통적인 면접 상황이 아닌 상황에 처하게 하는 것이 중요하다. 지원자가 웨이터나 웨이트리스, 가게 점원, 택시 운전사를 어떻게 대하는지 살펴라. 일반적인 면접 상황에서는 자신의 사교적인 문제점을 감출 수 있을지 모르지만, 유동적인 상황이 오래 계속되다 보면 그러기가 쉽지 않다. 지원자가 영리한지에 대한 정보를 끌어낼 수 있는 몇 가지 유용한 질문이 있다.

• "당신의 성격이 어떻다고 생각합니까?"
지원자가 당신이 관찰한 것을 얼마나 정확히 말하는지, 그가 얼마나 자기성찰적인지 살펴라. 영리한 사람들은 일반적으로 자신을 잘 알고 자기 행동의 강점과 단점이 무엇인지 말하는 것을 흥미롭게 생각한다. 이 질문에 쩔쩔매거나 당황한다면, 대인관계 측면에서 아주 영리한 사람이 아닐지도 모른다.

- "당신의 행동 중에 다른 사람의 짜증을 유발시킬 만한 것이 있다면 그것은 무엇인가요?"

사람들은 때때로 누군가를 짜증스럽게 만든다. 특히 집에서 그렇다. 영리한 사람들이라고 해서 예외는 아니다. 그들은 자신이 누군가를 짜증스럽게 만들 수도 있음을 모르지 않는다. 그리고 직장에서 짜증을 유발시킬 만한 행동을 자제하려고 한다.

- "어떤 종류의 사람들이 당신을 짜증스럽게 만드나요? 그들을 어떻게 다룹니까?"

이 질문에서 살펴야 할 것은 자기인식과 자기통제다. 영리한 사람들은 자신이 싫어하는 것이 무엇인지 잘 알고, 그런 불만거리 중 몇 가지가 자기 자신 때문이라는 사실을 받아들인다. 그들은 짜증스러운 사람들을 생산적이고 건설적인 방식으로 다룰 줄 안다.

- "전 직장 동료들은 당신을 공감 능력이 있는 사람이라고 평할까요?" 또는 "팀 동료에게 공감했던 적이 있으면 구체적으로 어떻게 했는지 이야기해줄 수 있나요?"

이 질문의 관건은 지원자가 다른 사람들의 감정을 이해하는가 그렇지 않은가다. 다른 사람들보다 공감 능력이 덜한 성격 유형도 분명히 있지만, 여기에선 별로 중요하지 않다. 이 질문을 통해 살펴야 할 것은 지원자가 공감을 중요시하는가, 공감 능력에 있어 자신의 강점이나 약점을 잘 이해하고 있는가다.

면접관들이 지원자가 영리한지 확인하기 위해 던질 수 있는 가장 중요한 질문은 스스로에게 이렇게 묻는 것이 아닐까? "나는 매일 이 사람과 같이 일하고 싶은가?"

일반적으로 영리한 지원자들은 정기적으로 만나 같이 시간을 보내고 싶은 사람처럼 느껴진다. 물론 단지 이런 점만으로 그런 지원자들을 채용해야 되는 것은 아니다. 이런 것은 겸손이나 갈망에 대해 아무것도 말해주지 않기 때문이다. 하지만 채용할 사람을 선별하는 길고 긴 절차를 계속 진행하게 만드는 중요한 질문임에는 틀림없다.

지원자의 레퍼런스 체크

공식적인 면접 외에도 지원자가 이상적인 팀 플레이어인지 정보를 얻을 수 있는 여러 가지 방법이 있다. 언뜻 복잡하고 과연 그런 방법이 효과가 있을지 의심스럽기도 하지만, 시도해본다면 만족할 만한 결과를 얻을 것이다. 그 방법 중 하나는 레퍼런스 체크를 하는 것이다.

소송이 빈번히 발생하는 방어적인 사회에선 레퍼런스 체크를 시도하기가 쉽지 않다. 그러나 법적 관점이 아니라 팀과 지원자 모두를 불행하게 만들지 않기 위해 도움이 되는 비공식적인 도구라는 관점에서 볼 때 레퍼런스 체크는 아주 유용한 방법이다. 레퍼런스 체크에는 면접에 적용되는 원칙이 똑같이 적용된다.

레퍼런스 제공자의 마음을 편안하게 하라

레퍼런스 체크를 할 때는 레퍼런스 제공자가 자신의 손에 지원자의 미래가 달려 있다고 느끼지 않도록 하는 것이 가장 중요하다. 부담을 느끼면 레퍼런스 제공자가 지나치게 긍정적으로 말하거나 조심스럽고 일반적으로 답하게 되기 때문이다. 레퍼런스 체크를 하는 목적이 단순히 지원자가 좋은 직원인지 묻기 위한 것이 아니라 지원자가 새 직장에서 잘해낼 수 있는지 알기 위한 것이라고 설명하라. 레퍼런스 제공자에게 누구나 어딘가에 꼭 맞는 직장이 있는 법이라고 믿는 컨설턴트의 입장에서 조언해달라고 요청하라. 레퍼런스 제공자의 답이 솔직하지 않게 느껴지거나 잔꾀를 부리는 것 같다는 생각이 든다면 그것을 어느 정도 참고할지 숙고하라. 당신이 해야 할 일은 지원자가 합류할 조직의 문화가 어떤지 설명하고 그 문화와 지원자가 잘 맞을지에 대해 레퍼런스 제공자의 의견을 듣는 것이다. 레퍼런스 제공자에게 그가 정보를 제공하는 유일한 사람이 아니고, 모든 의견은 비밀에 부칠 것이라고 말해 안심시켜라.

구체적인 것을 찾아라

처음에는 레퍼런스 제공자에게 지원자를 가장 잘 표현하는 형용사를 서너 개 정도 골라달라는 질문으로 시작하는 게 좋다. 이때 나온 단어들은 겸손, 갈망, 영리함에 관해 좋은 지표가 될 수 있다. 시간을 충분히 들여 지원자의 구체적인 행동과 그가 다른 사람들과 어떻게 구별되는지 물어라. 면접 때 지원자에게 던졌던 질문을 레퍼런스 제공자에게도 묻고 지원자의 답과 얼마나 일치하는지 살펴라.

의심이 드는 부분에 집중하라

레퍼런스 체크를 지원자의 불분명한 부분을 탐색하기 위한 용도로 활용하라. 갈망과 영리함에 대해 확신이 들었다면 레퍼런스 체크에서는 겸손에 집중하면 된다. 시간을 현명하게 사용해 일반적인 평가가 아니라 구체적인 행동이 드러나게 만드는 질문을 던져라.

대답하지 않는 레퍼런스 제공자에게 관심을 가져라

레퍼런스 제공자가 당신의 요청에 아무런 의견도 제시하지 않는다면, 지원자에 대해 별다른 생각이 없는 사람일 가능성이 있다. 레퍼런스 제공자의 이름을 댄 사람이 지원자라는 사실을 기억하라. 이런 경우, 사람들은 대부분 전 직장 직원이나 동료에 대해 긍정적인 의견을 제공하려고 한다. 혹은 의견을 밝히기를 미루거나 피하려고 한다.

다른 사람들은 어떻게 말할지 물어라

지원자에게 다른 사람이 자신에 대해 어떻게 말할지 묻는 것처럼 레퍼런스 제공자에게도 같은 질문을 던져라. 이런 질문은 레퍼런스 제공자로 하여금 "나는 항상 그녀가 열심히 일하는 직원이라고 생각했어요. 하지만 그녀의 동료 중 몇몇은 그렇게 생각하지 않았죠"라는 답을 할 수 있게 해준다. 이런 질문은 레퍼런스 제공자에게 지원자를 험담한다고 느끼지 않게 해주고, 중요한 정보를 털어놓기 쉽게 만들어준다.

응용 2: 기존 직원 평가하기

이상적인 팀 플레이어 모델을 적용할 수 있는 또 하나의 중요한 영역은 기존 직원들을 평가하는 것이다. 이런 평가를 통해 세 가지를 얻을 수 있다. 첫째, 직원이 이상적인 팀 플레이어인지 확인할 수 있다. 둘째, 직원들이 이상적인 팀 플레이어가 되도록 도울 수 있다. 셋째, 어떤 직원을 내보내야 할지 결정할 수 있다.

다행히도 겸손, 갈망, 영리함은 선천적인 자질이 아니다. 받아들이겠다는 욕구가 있으면 누구든 갖출 수 있는 자질이다. 리더들은 이 세 가지 덕목을 기준으로 직원들을 평가함으로써 그들 자신을 위해 필요한 것뿐만 아니라 팀을 위해 필요한 것이 무엇인지 파악할 수 있다. 이것이 가장 중요한 점이다.

어느 조직에나 리더의 골치를 썩이는 직원이 있기 마련인데, 이 같은 평가는 그런 갈등의 원인이 무엇인지 규명해주기도 한다. 즉 겸손함이 부족하기 때문인지, 갈망이 부족하기 때문인지, 아니면 영리함이 부족하기 때문인지 원인을 찾아내 밝힐 수 있다. 만약 해당 직원이 자신의 단점을 기꺼이 인정하지 않거나 수용하지 않는다면 해고하는 것이 직원과 팀을 위해 가장 좋은 결정일 것이다.

직원이 개선할 의지나 능력이 있는지 리더가 판단할 수 없으면 어떻게 해야 할까? 이런 경우, 지나치다 싶을 정도로 관심을 기울이며 그 직원과 계속 같이 일할 것을 권한다. 왜 그래야 할까? 옳지 않은 이유로 직원을 잃는 것은 비극이기 때문이다. 해당 직원에게 고통스러운 상황을 겪게 만들 뿐만 아니라 팀에게 가치를 공헌할 수 있는 기회를 빼앗기 때문이다.

이 조언을 조직에 적합하지 않은 사람이라도 참고 견디라는 것으로 오해하지 말기 바란다. 리더들은 직원들이 각각 알맞은 자리에 있다고 간주하는 경향이 크다. 또한 용기가 부족해서 해고하려는 마음을 행동으로 옮기지 못하곤 한다. 하지만 그렇게 하는 것은 현명한 행동도 도덕적인 행동도 아니다. 리더가 개선하고 변화시키려는 직원의 능력에 확신이 들지 않을 때에 국한해 이 같은 조언('지나치다 싶을 정도로 관심을 기울이면서 그 직원과 계속 같이 일할 것')을 적용해보기 바란다.

그렇다면 리더는 어떻게 해야 직원들의 겸손, 갈망, 영리함을 정확히 측정할 수 있을까? 손쉽고 정량적인 진단 도구는 없다. 하지만 제법 잘 맞고 신뢰할 수 있는 방식이 있다. 바로 관리자의 평가와 직원의 자기평가라는 두 가지 방법이다.

관리자의 평가

해당 직원이 겸손하고, 갈망하고, 영리한지 판단하기 위해 관리자가 던질 수 있는 질문은 여러 가지가 있다. 여기에 제시하는 3단계 척도를 가지고 평가하면 된다.

□	□	□
언제나 그렇다	때때로 그렇다	거의 그렇지 않다

겸손

- 망설임 없이 팀 동료를 칭찬하고 감사해하는가?
- 실수를 저질렀을 때 순순히 인정하는가?

- 자신의 약점을 진심으로 인정하는가?
- 팀의 성취를 위해 기꺼이 자신의 몫을 공유하는가?
- 팀의 성공을 위해 힘든 일을 기꺼이 맡는가?
- 동료에게 사과하고 품위 있게 사과를 받아들이는가?

갈망

- 자기 업무에서 요구되는 것 이상을 추구하는가?
- 맡은 일에 대한 책임 외에 자신이 조직에 기여할 수 있는 기회를 찾는가?
- 팀의 성공에 책임감을 느끼는가?
- 근무 시간 외에도 기꺼이 일하려 하고 일에 관해 고민하는가?
- 필요하다면 기꺼이 따분한 일을 맡아 하는가?
- 팀의 업무에 열정을 가지고 있는가?

영리함

- 회의나 대화 시 동료들의 감정을 잘 아는 것처럼 보이는가?
- 팀 동료들에게 공감하는 모습을 나타내는가?
- 팀 동료들의 삶에 관심을 보이는가?
- 경청을 잘하는가?
- 자신의 행동이 팀 동료들에게 어떤 영향을 미치는지 잘 아

는가?

- 자신의 행동과 스타일을 대화나 관계의 성격에 맞게 바꿀
  수 있는가?

이상적인 팀 플레이어라면, 이 질문들에 대해 '언제나 그렇다'
보다 낮게 평가받는 경우는 거의 없을 것이고, '때때로 그렇다'
보다 낮게 나오는 경우는 결코 없을 것이다.

앞에서 언급했듯, 사람은 제각기 독특하다. 이런 질문들을 던지
는 목적은 리더에게 겸손, 갈망, 영리함에 대한 정교하고 정량적
인 지표를 제공하기 위한 것이 아니라, 판단에 도움이 되는 정
보를 주기 위한 것이다. 많은 경우, 리더는 이러한 평가를 하지
않더라도 직원이 세 가지 덕목에 있어 어떠한지에 관해 직관적
인 판단을 가지고 있다. 따라서 이런 관리자의 평가는 그런 직
관이 맞는지 체크하는 도구로 활용하면 된다.

직원의 자기평가

직원들을 평가하는 가장 효과적인 방법은 직원들이 직접 자
신에게 질문을 던져보는 것이다. 물론 항상 이런 방법이 통하는
것은 아니다. 어떤 직원들, 영리함이 어느 정도 부족한 직원들은
스스로에게 던져야 할 질문이 있다는 것조차 알지 못한다. 겸손

하지 않은 사람들은 스스로에게 질문을 던질 수 있는 능력이 부족하다. 그리고 누가 봐도 갈망하는 법이 없는 사람들은 상대적으로 열정이 부족하고 팀에 헌신하지 않는다는 사실을 받아들이지 못한다.

이미 말했듯, 이런 평가 과정이 벌을 주기 위한 것이 아니라 개선과 향상을 위한 것임을 알리면 대부분의 직원이 자신의 한계를 기꺼이 털어놓으려고 한다. 업무 환경이 완전히 혼란스러운 상황이 아닌 한 그렇다. 자기평가는 개선해야 할 영역을 스스로 찾을 수 있도록 직원들에게 주도권을 부여하고 방어적인 태도와 저항의 가능성을 최소화해준다.

직원들이 자기평가를 진행하도록 하는 가장 좋은 방법은 명쾌한 질문들을 제시하고, 이에 정직하게 답하도록 질문의 문구를 구성하는 것이다. 아이러니하지만 면접 때와 비슷하게 자기평가의 가장 좋은 방법은 '동료들은 나에 대해 어떻게 말할까?'라는 식으로 자기자신을 평가하는 것이다. 이렇게 하면 관찰 가능한 행동에 기반해 자신을 평가할 수 있다. 이상적인 팀 플레이어는 단순히 올바른 태도를 가진 사람이 아니라 다른 사람들의 관점에서 올바른 행동을 실천하는 사람이다.

다음에 제시한 3단계 척도를 가지고 평가해보자.

☐	☐	☐
언제나 그렇다	때때로 그렇다	거의 그렇지 않다

겸손

내 팀 동료들은 이렇게 말할 것이다.

- 나는 망설임 없이 칭찬하고 감사해한다.
- 나는 내 실수를 순순히 인정한다.
- 나는 내 약점을 진심으로 인정한다.
- 나는 팀의 성취를 위해서라면 내 몫을 기꺼이 나눈다.
- 나는 팀의 성공을 위해서라면 힘든 일을 기꺼이 맡는다.
- 나는 정중하게 사과하고 품위 있게 사과를 받아들인다.

갈망

내 팀 동료들은 이렇게 말할 것이다.

- 나는 내 업무에서 요구되는 것 이상을 추구한다.
- 나는 맡은 바 책임 외에 내가 기여할 수 있는 기회를 찾는다.
- 나는 팀의 성공에 책임감을 느낀다.
- 나는 근무시간 외에도 기꺼이 일하려 하고, 일에 관해 고민한다.

- 나는 필요하다면 기꺼이 따분한 일을 맡으려 한다.
- 나는 팀의 업무에 열정을 가지고 있다.

영리함

내 팀 동료들은 이렇게 말할 것이다.

- 나는 회의나 대화 시 동료들의 감정을 잘 이해한다.
- 나는 팀 동료들에게 공감하는 모습을 나타낸다.
- 나는 팀 동료들의 삶에 관심을 보인다.
- 나는 경청을 잘한다.
- 나는 나의 행동이 팀 동료들에게 어떤 영향을 미치는지 잘 안다.
- 나는 나의 행동과 스타일을 대화나 관계의 성격에 맞게 고친다.

다시 말하지만, 이상적인 팀 플레이어라면 이 질문들에 '언제나 그렇다'보다 낮게 평가하는 경우는 거의 없을 것이고, '때때로 그렇다'보다 낮게 나오는 경우 역시 결코 없을 것이다.

대안: 순위 매기기

이 같은 평가를 진행하는 것이 해당 팀과 조직 내부의 정치적 문제나 민감성 때문에 너무 버겁다면, 대안이 있다. 그 방법은 매우 단순하다. 팀원들에게 가장 명백하게 나타난다고 생각하는 것부터 차례로 단순히 세 가지 덕목의 순위를 매겨달라고 요청하는 것이다. 이렇게 하면 모든 직원들이 단점의 심각성을 수용해야 한다는 부담 없이 자신의 상대적인 단점을 깨달을 수 있고, 리더와 직원 개인이 무엇을 개선해야 할지 알려줄 수 있다.

동료 평가 vs. 동료 토론

나는 기본적으로 동료 평가를 열렬히 지지하는 편은 아니다. 특히 팀 동료들끼리 종이에 서로의 장점과 약점을 평가하고 나중에 각자 어떻게 평가받았는지 알게 되는 공식적인 동료 평가는 지지하지 않는다. 이런 과정은 오해와 갈등의 빌미를 제공하고, 불필요한 고통을 발생시킬 가능성을 가득 품고 있기 때문이다.

겸손, 갈망, 영리함을 기초로 동료들을 평가하는 것에는 더욱 반대한다. 왜냐하면 이 세 가지 덕목은 어느 정도 개인적인 면이 있고, 자칫 잘못된 평가 결과로 인해 팀 내에서 직원 각각에 대한 신뢰가 추락할 수 있기 때문이다. 직원들에게 개선해야 할 영역을 이해시킬 수 있는 더 바람직하고 더 건설적인 방법이 있다. 앞에서 말했듯, 나는 평가를 둘러싸고 벌어지는 가장 강력한 활동은 '동료 토론Peer Discussion'이라고 생각한다. 팀 동료들이 둘러 앉아 서로 겸손, 갈망, 영리함에 대해 자신들의 상대적인 약점을 드러내고 토론하는 것이야말로 변화를 이끌고 서로에게 가장 좋은 코치가 되도록 만드는 강력한 방법이다. 이제부터 이에 관해 좀 더 자세히 살펴보자.

응용 3: 하나 이상의 덕목이 부족한 직원 개발하기

세 가지 덕목에 대해 상대적인 장점과 약점을 잘 파악했다면, 개선 절차에 돌입해야 한다. 하지만 그전에 확실히 답을 구해야 할 중요한 질문들이 있다.

개선을 원활히 이루기 위한 핵심 열쇠는 무엇인가?
그리고 개선이 잘 이루어지지 않는다면 무엇을 해야 하는가?

정말로 필요한 것을 행하고 있는지 지속적으로 직원들에게 상기시키겠다는 리더의 의지는 개선 절차에서 가장 중요한 부분이지만 자주 간과되는 경향이 있다. 그런데 리더에게 이런 의지가 없다면, 조직의 개선은 물 건너가게 마련이다.

지극히 당연한 것인데 대부분의 리더들은 왜 그렇게 하지 않는 걸까? 그 이유는 바로 불편하기 때문이다. 직원들에게 충분하게 노력하지 않는다고 말하거나, 동료들을 사회적으로 적절한 방법으로 대하지 않는다고 지적할 때 좋아할 사람은 없다. 내키지 않고 어색한 상황을 만들 뿐이지만, 이는 리더라면 반드시 해야 할 일이다.

이런 일을 하다 보면 리더로서 고통스러운 시간을 겪어야 할 테지만, 두 가지 일 중 하나는 반드시 일어날 것이다. 직원들은 결국 깨달을 것이고, 이렇듯 채근하는 말을 계속 듣고 있지 않겠다고 결심할 것이다. 비유적으로 말해 직원은 언덕의 꼭대기에 이를 것이고 겸손, 갈망, 영리함의 효과가 나타나기 시작하는 언덕 너머 내리막길로 나아갈 것이다. 이렇게 되면 리더는 약간의 수고를 해야 할지언정 지극히 만족스러워질 것이다.

이와 달리 겸손해지고, 갈망하는 사람이 되고, 영리해지는 것이 자기 능력 밖의 일이라고 판단하고 회사를 나가기로 결정한 직원이 있을 수도 있다. 하지만 그는 리더의 지도를 받으며 그런 결정을 내릴 것이고, 어떤 경우든 스스로 결정을 내릴 것이다. 그게 바람직하다.

일어나지 말아야 할 세 번째 결과도 있다. 직원이 자신의 문제에 대한 리더의 지속적인 채근을 한 귀로 듣고 한 귀로 흘리면서 회사를 떠날 생각을 전혀 하지 않는 경우다. 이런 경우에는 그 직원을 팀에서 배제시키는 공식적인 조치가 필요하다. 그런데 그런 조치는 대개 모든 이들에게 고통을 안겨주기 마련이다. 어떤 사람들은 이런 일이 자신의 회사에서 항상 일어나고 있다고 말할 것이다. 너무나 많은 조직에서 고약한 방법으로 직원들을 내보내고 그에 따라 법적 소송이 벌어지기도 하는 것은 리더들이 기대에 부합하지 않는 직원들을 계속 채근하지 않기 때문이다.

대부분의 경우, 상황은 이런 식으로 전개된다. 리더가 까탈스러운 직원에게 변화가 필요하다고 말한다. 이를테면, 좀 더 열정적이 되어야 한다고 말이다. 태만한 직원의 모습을 보며 리더는 아마도 한 번 정도는 그 직원을 나무랄 것이다. 그런데 또 다시 태만한 모습을 목격한 리더는 자기 배우자나 동료, 최악의 경우 자기 팀 직원들에게 불평을 쏟아낸다. 수동적이면서도 공격적인 말들을 여기저기에서 쏟아내는 일이 몇 주, 혹은 몇 달 동안 계속된다. 더 이상 참지 못한 리더는 직원에게 회사를 그만둘 것을 통보한다. 직원은 충격을 받는다. 그렇다. 충격을! 어떻게 이럴 수 있는가?

리더는 그 직원에게 충분히 열정적이지 않다고 지적했기 때문에 분명히 잘 알아들었을 것이라고 생각한다. 하지만 직원은 겨우 한두 번 지적을 받았을 뿐, 큰 문제는 아니라고 생각한다. 이렇게 상황은 서로의 오해 속에서 점점 더 악화된다. 그리고 팀은 엉망진창이 된다.

다시 말하지만 해결책은 지속적이고 반복적으로, 친절하고 지속적으로(지속적이란 말을 두 번이나 썼다는 점을 명심하라) 직원에게 개선해야 한다는 것을 알려주는 것이다. 리더가 지속적으로 그렇게 하면 직원들은 스스로 상황을 개선시키기 위해 노력하거나 아니면 회사를 나갈 것이다. 그러나 리더가 직원에게 솔직히 말해야 하는 책임을 회피한다면 아무 일도 일어나지 않을 것이다.

이상적인 팀 플레이어는 어떻게 해야 하나? 그들은 개선이 필요 없을까?

이제껏 개발 및 개선에 관해 다룬 내용은 대부분 세 가지 덕목 중 한 가지가 부족한 사람들을 돕는 데 초점을 맞췄다. 그런데 그렇게 부족한 사람이 아니더라도 살면서 한 가지 이상의 덕목을 개선한다면 생각보다 큰 이득을 얻을 수 있다. 열정적인 사람이라면 어찌 됐든 개선할 방법을 찾겠지만 말이다.

여기서 핵심은 이런 개발 과정이 벌을 대신하는 교육이 아니라는 것, 그리고 다른 사람들보다 하나의 덕목에서 상대적으로 뒤

떨어지는 모습을 보인다고 해서 그가 이상적인 팀 플레이어가 아니라는 뜻이 전혀 아니라는 것을 명확히 해두는 것이다. '이상적인'이란 말이 '완벽한'을 의미하지는 않는다.

가장 좋은 접근 방식은 모든 사람들이 이런 과정을 순수한 개발의 기회라고 이해하고 이상적인 팀 플레이어를 코치로 활용하는 것이다. 몇몇 팀원이 다른 사람들보다 겸손에서 강한 면모를 보인다고 하자. 그러면 그들에게 겸손 영역을 개선하길 원하는 사람들을 코치하게끔 하라. 갈망과 영리함에 대해서도 같은 방식을 취하면 된다. 이상적인 팀 플레이어 모두가 코칭을 수행하고 또 코칭을 받게 되면, 이러한 과정은 팀원들을 개인적으로 개선시킬 뿐만 아니라 팀 전체에 대한 헌신과 책임감을 더욱 강화시킬 것이다.

이 책에서 제시한 자기평가 질문을 활용하는 것은 이런 일을 시작하기에 좋은 방법이다. 이상적인 팀 플레이어는 자신의 행동을 변화시키고 성과를 향상시키기 위해 자신과 동료들을 상호 분석하는 것을 즐긴다.

겸손, 갈망, 영리함이 확실하게 부족한 사람들을 도울 수 있는 가장 좋은 방법은 무엇일까? 애석하게도 이를 위한 단 하나의 비결은 존재하지 않는다. 사람들은 각기 다른 이유로 팀원으로서 자신의 약점을 행동으로 표출하기 때문이다. 그럼에도 불구하고 몇 가지 참고할 만한 접근 방식을 제안해보겠다.

'겸손' 개발하기

겸손은 세 가지 덕목 중 가장 민감한 사항이다. 이 영역의 개선 과정이 심리적으로 가장 미묘하기 때문이다. 겸손이 부족해진 이유를 찾다 보면 어느 정도 불안감과 맞닿아 있음을 알게 된다. 대부분의 경우, 불안감은 성인이 된 후에도 사라지지 않고 남아 있는 어릴 적 가족 문제에서 비롯된다.

사람들은 누구나 어느 정도 불안감을 지니고 있게 마련이다. 겸손을 향상시키려는 사람들에게는 바로 이 점을 이해시키는 것이 중요하다. 이를 이해하지 못하면 너무나 부끄럽고 너무나 위축되어 시작조차 하기 어려울 것이다. 만약 리더나 코치가 겸손과 관련된 자신의 경험과 사례를 보여준다면, 직원들이 따라 하기가 훨씬 쉬워질 것이다.

근본적인 원인 규명

심리분석이나 심리치료를 받지 않아도 단순히 불안감의 일반적인 원인을 규명하기만 해도 상당한 안도감을 느낀다. 불안감은 부모에게 지지를 받지 못했거나 직장 혹은 개인적 삶에서 트라우마가 생길 만한 경험을 하는 과정에서 생길 수도 있다. 어떤 경우에든 간에 겸손의 부족으로 문제를 겪고 있음을 자기 자신이나 리더 혹은 팀 동료들이 받아들이는 것은 매우 도움이 된다. 이것만으로도 코칭을 통해 자신의 능력을 크게 향상시킬 수 있고, 동료들로부터 동감과 응원을 끌어낼 수 있다.

때때로 겸손이 부족한 이유(혹은 다른 덕목들이 부족한 이유)는 직원 개인의 성격 때문일 수도 있다. MBTI 성격 유형 분석이나 DISC 분석을 실시하면 겸손과 관련된 문제를 일으킬 가능성이 얼마나 높은지 어느 정도 예상할 수 있다. 그 결과를 직원에게 알려주는 것도 그를 안심시킬 수 있는 방법이다. 자기가 나쁜 사람이 아니라는 것과 자기와 비슷한 성격 유형을 지닌 다른 사람들도 비슷한 문제를 겪고 있다는 것을 알 수 있기 때문이다. 또한 동료들에게 자신의 행동에 대해 설명할 수 있고, 그에 대한 객관적인 근거를 어느 정도 제공할 수 있다. 물론 그렇다고 해서 그걸 핑곗거리로 삼으면 곤란하다. 나아지기 위한 출발점이라고 생각해야 한다.

노출 치료

문제의 원인을 찾아 그것을 받아들인 다음, 겸손이 부족한 직원들은 '노출 치료(exposure therapy, 불안의 원인에 계속 노출시켜 둔감하게 만드는 심리 치료법 - 옮긴이)'를 통해 행동 훈련을 받을 필요가 있다. 치료라는 말에 거부감을 갖지 않기 바란다. 이 말은 그저 '겸손한 듯 행동하면' 나아질 수 있다는 뜻이다. 의도적으로 다른 사람을 칭찬하게 하고, 자신의 실수와 약점을 인정하게 하고, 동료들에게 관심을 갖도록 하면, 가슴속에서 겸손이 풀려나오는 것을 경험하기 시작할 것이다. 다른 사람들에게 집중하는 것이 자신의 행복을 침해하기보다는 오히려 행복을 키울 수 있는 방법임을 갑작스레 깨닫게 되기 때문이다. 이렇듯 겸손은 세 가지 덕목 중에서 가장 매력적이고 가장 중요한 덕목이다.

다시 한 번 말하지만, 단순한 것이 가장 중요한 법이다. 문제를 겪는 바로 그 행동을 연습시키면 자신과 타인에게 어떤 이득이 되는지 쉽게 이해할 수 있다. 이렇게 하는 방법 중 하나는 직원에게 개선이 필요한 영역에 요구되는 행동을 목록으로 만들고 일정 기간 동안 그것을 실천에 옮기도록 하는 것이다. 가끔 이 과정에 리더가 개입해 용기를 북돋우고 확인하는 작업이 필요하다.

가장 좋은 방법은 동료들이 해당 직원을 코치하도록 만드는 것이다. 그렇게 해야 요구되는 행동이 표현되거나 부족할 때 즉각적인 피드백이 오갈 수 있다. 진부하고 유치한 방법처럼 들리지만, 결코 그렇지 않다. 팀 동료가 "이봐, 최근에 자네가 용기를 북돋아주어서 정말로 고마웠어. 그리고 개인적으로 나를 그렇게 염려해주다니, 자네 덕분에 정말 많이 달라진 것 같아"라는 식으로 말하는 것만큼 좋은 것은 없다. 동료에게 이런 말을 듣고도 그런 행동을 다시 하려 들지 않는 직원은 없을 거라고 장담한다.

이와 비슷하게 팀 동료가 부드러운 말투로 "이봐, 나는 자네가 다시 자기 자랑을 늘어놓고 있다고 생각해. 우리가 자네에게 무언가를 알려줘야 할 것처럼 느껴져"라고 말하는 것도 강력한 효과를 불러일으킨다. 팀 전체가 열린 마음을 갖고 팀 동료들을 돕겠다고 동의하면, 겸손이라는 민감한 영역에서도 놀라운 개선이 이루어질 수 있다.

리더의 롤모델링

또 다른 개선 방법은 리더가 겸손을 중요시하고 스스로 모범이 될 수 있도록 최선을 다하는 것이다. 리더가 겸손하지 않은 사람이더라도, 그가 이 점을 순순히 인정하고 지속적으로 모범이 되려고 노력한다면 직원들도 그런 행동을 따라하도록 충분히 용기를 줄 수 있다. 이것은 겸손뿐만 아니라 모든 덕목에 적용되는 사항이다.

'갈망' 개발하기

갈망의 좋은 점은 세 가지 덕목 중 가장 덜 민감하고 가장 덜 미묘하다는 것이다. 하지만 나쁜 점도 있다. 내 경험에 비춰볼 때 갈망은 가장 변화하기 힘든 요소다.

사람들은 갈망이 부족하다는 사실을 심각하게 생각하지 않는 경향이 있다. 게다가 갈망은 행동으로 관찰할 수 있고 측정 가능하다는 특성 때문에 갈망의 수준을 변화시키는 것은 결코 쉬운 일이 아니다. 물론 동료들보다 덜 갈망하는 것처럼 보이는 직원들에게 작업량과 산출물이 무엇이고, 달성해야 할 목표와 요구되는 업무 시간이 무엇인지 알려주고 보여주는 것은 그리 어려운 일이 아니다.

하지만 애석하게도 그런 과정을 통해 자신이 갈망이라는 덕목에 문제가 있음을 인정하게 되어도 진정으로 갈망하게 만드는 것은 매우 어려운 일이다. 단순히 업무량과 업무 시간을 늘린다고 해서 해결될 문제가 아니라는 점을 명심하라. 목표 설정과 성과 관리를 위한 방법과 도구는 아주 많다. 갈망이 부족한 직원이 '더 높이 더 멀리' 추구해야 한다는 생각을 근본적으로 받아들여서 리더가 더 이상 채근하고 상기시킬 필요가 없도록 변모시키는 것이 핵심이다.

이것이 왜 그렇게 힘들까? 갈망이 부족한 사람에게는 열정적으로 행동하고 싶지 않은 이유가 있게 마련이다. 다시 말해, 이들은 타인보다 덜 갈망하는 것이 유리하다고 생각한다. 자유 시간이 더 많고, 책임은 덜 지면서, 업무 외의 것에 더 많이 집중하고, 자신이 좋아하는 활동을 더 많이 할 수 있기 때문이다. 이런 사람이 나쁜 사람인 것은 아니지만, '나쁜 팀원'임은 분명하다

('나쁜 팀원'이라는 말이 부적절하다고 생각할지도 모르지만, 이것은 사실이다. 유쾌하면서도 재능 있고 친절한 사람이라 해도 직장에서 훌륭한 팀 플레이어라고 말할 순 없다. 그의 갈망이 업무가 아닌 다른 활동을 향하고 있기 때문이다).

갈망을 다른 두 덕목인 겸손과 영리함과 비교해보라. 아무도 겸손하지 않은 사람이 되고 싶어 하지 않는다. 겸손이 부족할 경우, 필연적으로 아픔과 고통이 유발되기 때문이다. 이런 사람은 마음속 깊은 곳에서부터 비참함을 느끼게 된다. 오직 자기망상적인 사람만이 오만하게 행동하는 것이 대인관계에서 유리하다고 믿는다.

영리함도 마찬가지다. 아무도 사회의식이나 대인관계 능력이 부족하기를 원치 않을 것이다. 어색함부터 의도치 않은 둔감함에 이르기까지 영리하지 않아서 발생하는 손실은 크지만 이득은 아무것도 없다.

하지만 몇몇 사람은 갈망이 부족하기를 원한다. 물론 모든 사람이 그런 것은 아니다. 갈망이 부족한 사람들도 자신의 일에 전적으로 몰입해서 더 많은 성과를 내고 싶어 한다. 여기서 요점은 몇몇 사람들은 팀에 헌신하지 않고 멀리 떨어져 일상적인 일만 하기를 선호하는 듯 보인다는 것이다. 그런 일상적인 업무에 집중해봤자 큰 성과를 낼 리 없는데도 말이다.

갈망이 부족한 사람들 중에서 그런 것을 좋아하는 사람과 그렇지 않은 사람을 규명하는 것이 핵심이다. 그리고 변화를 원하는 사람들을 지원하면 된다(변화를 원치 않는 나머지 사람들에겐 갈망을 요구하지 않는 일을 찾도록 배려하는 것도 필요하다).

미션과 팀에 대한 열정

갈망하길 원하는 직원을 돕기 위한 가장 우선적이고 가장 중요한 것은 진행 중인 업무의 중요성을 직원과 연결시키는 방법을 찾는 것이다. 이것이 이루어지지 않으면 큰 변화를 기대할 수 없다.

꽤 많은 경우, 직원들은 자신의 일이 다른 업무, 고객, 협력업체, 동료 직원들과 어떻게 연결되는지 알지 못하기 때문에 갈망을 갖는 데 애를 먹는다. 자신의 업무가 누군가에게 중요하다고 생각하지 않는 직원에게 좀 더 몰입하고 좀 더 헌신하는 팀원이 되라고 요구해봤자 큰 효과를 기대하기는 어렵다. 물론 현재 업무를 그대로 유지하라는 것도 무기력한 직원을 생기 있는 직원으로 변화시키는 동기부여 수단이 될 순 없다.

갈망을 갖도록 만드는 가장 효과적인 방법은 개인의 관점이 아니라 '하나의 팀' 관점에서 접근하는 것이다. 약간 덜 갈망하는 직원이 다른 동료들은 업무에 몰입하고 동기가 충만하다는 사실을 알게 되면, 바람직한 변화가 나타날 가능성이 높다. 동료들의 갈망에 '전염'되는 것이다. 전염되지 않더라도 그 직원은 동료들이 갈망을 발휘하도록 하는 데 자신이 중요한 역할을 한다는 점을 깨닫게 된다. 전혀 갈망하지 않는 사람만이 이런 상황에 놓여도 아무런 영향을 받지 않을 것이다.

명확한 기대

직원의 열정을 끌어올리는 또 하나의 방법은 기대하는 행동을 명확하게 보여주고, 그런 기대에 그가 책임감을 느끼도록 만드는 것이다. 우스꽝스럽게 들릴지도 모르지만, 갈망하지 않는 직원들에게는 이런 방법이 특별히 중요하다. 이런 직원들에게는 성과 달성치와 목표를 설정하는 것도 중요하지만, 그들에게 요구되는 행동을 명확히 하는 것이 훨씬 더 필요하다.

예를 들어, 회사를 계속 다니기 위해서는 얼마나 많은 것을 해내야 하는지 구체적으로 알려주는 것도 하나의 방법이다. 갈망하지 않는 직원이라 해도 최소한의 요구 수준 정도는 맞출 수 있을 것이다. 그 직원에게 임무를 추가로 맡기고, 더 많은 시간 동안 일하면서 동료들이 필요로 하는 것을 해주거나, 동료들이 목표를 달성하는 것을 도우라고 말하는 것은 전적으로 다른 문제다.

갈망하는 사람이 되는 것을 바라지 않는 직원은 그렇게 행동하도록 책임감을 가져야 한다는 말을 듣자마자 깜짝 놀라 뒤로 물러설 것이다. 다시 말하지만, 이런 직원은 갈망을 요구하지 않는 일자리를 찾도록 도와야 한다. 높은 수준의 갈망을 요구하지 않는 직장은 생각보다 많다. 하지만 마음속 깊이 갈망하는 사람이 되기를 원하는 직원이라면, 리더의 코치와 팀 동료들의 지원을 약속하고 그에 대한 기대를 확고하고 명확하게 표시할 경우 이에 부합하게 행동할 것이다.

조금은 강하게 채근하기

갈망에 대한 강한 욕구가 있지만 그런 욕구가 잠재돼 있는 직원은 변화가 더디게 나타나기 마련이다. 무기력은 오랜 시간 동안 서서히 자리 잡는 습관이기 때문에 이를 깨뜨리려면 시간이 걸린다. 리더와 팀 동료들은 변화가 필요한 행동이 발견되어도 지적하지 않고 침묵하려는 관성을 극복해야 한다. 성과 평가 시즌이 될 때를 기다렸다가 팀에 충분히 기여하지 않았다고 말하는 것이나, 연례적으로 실시하는 360도 피드백에서 그런 이야기를 꺼내는 것은 무책임할 뿐만 아니라 잔인한 행동이다.

갈망이 부족한 직원에게 필요한 것은 즉각적이고 분명하게 피드백해줌으로써 그런 단점을 빨리 이해해 변화하려는 욕망을 갖도록 만드는 것이다. 이런 일이 자꾸 일어나야, 가능하면 매일 일어나야 행동의 변화가 이루어진다. 그렇다. 처음에는 적절하게 격려하고 지지하고 인내해야 한다. 그렇지 않으면 선의를 가진 팀원들이 포기하고 싶은 유혹에 넘어갈지도 모른다. 하지만 직원을 발전시키려고 할 때는 '엄격한 사랑'이 해답이다. 대부분의 리더들이 이를 이론적으로는 알고 있지만, 엄격함과 사랑 중 하나를 빼먹거나 때로는 둘 다 망각한 채 직원을 다그치곤 한다.

격려

당연하지만 자주 간과되는 조언이 있다. 바로 '격려하라'이다. 갈망하지 않는 직원이 갈망의 징후를 보이기 시작하면 그를 공개적으로 칭찬하고 팀원들에게도 그를 적극 칭찬하라. 그 직원이 당황스러워할 것 같다고? 그렇다 한들 뭐 어떤가! 모든 직원들에게 요구되는 행동인데 새삼스레 그 직원을 칭찬하는 게 이상한가? 맞다. 이상하다. 하지만 그 직원에겐 그런 칭찬이 반드시 필요하다. 물론 시간이 지나면 이런 식의 격려와 칭찬이 필요치 않게 될 것이다. 갈망이 그 직원의 행동으로 자연스레 자리 잡을 때까지는 계속 격려하고 칭찬하라. 그리고 겸손하고 영리해지려고 노력하는 직원들도 더 많은 격려가 필요하다는 것을 명심하라. 만약 이들이 특별한 관심을 받는다는 것에 분개하는 직원들이 있다면, 그런 직원들이 겸손한지 평가해봐야 한다.

리더의 롤모델링

앞에서 언급했듯, 직원 개발이 성공할지 여부는 리더가 갈망하는 사람이고 갈망하기 위해 최선을 다하는지에 달려 있다. 리더가 때때로 갈망하지 않는 모습을 보이더라도 그가 그런 자신을 인정하고 계속해서 갈망하려고 노력한다면 직원들이 동참하도록 이끄는 데 큰 도움이 된다.

'영리함' 개발하기

누군가가 좀 더 '영리해지도록' 돕는 일의 난이도는 앞의 두 덕목의 중간 정도에 해당한다. 겸손처럼 민감한 일도 아니고, 물론 사람에 따라 다르긴 하지만 갈망만큼 어려운 일도 아니다. 영리함이 부족하다고 느끼는 사람이라면 대개 영리해지기를 원하기 때문이다. 하지만 그럼에도 불구하고 영리함을 개발하는 일은 결코 쉽지 않다.

누군가가 좀 더 영리해지도록 만드는 일의 핵심은 관련된 모든 사람들에게 영리함의 결함이 원해서 생긴 게 아니라는 점을 명확히 알려주는 것이다. 영리함이 부족한 직원이라 해도 팀 동료들과 대인관계로 인한 문제를 일으키고 싶어 하지는 않을 게 분명하다. 그들은 그저 대인관계의 미묘함을 이해하지 못할 뿐이고, 자신들의 말과 행동이 타인에게 어떤 영향을 끼치는지 잘 알지 못할 뿐이다. 그 직원과 그의 동료들이 이 점을 깨닫고 계속 상기한다면, 영리해지도록 돕는 과정이 좀 더 쉬워지고 좀 더 효과적이 될 것이다. 만약 그 직원이 다른 의도를 가지고 까탈스럽게 행동하는 것이라고 오해한다면 팀 동료들은 불쾌해하면서 그 직원에게 필요한 도움을 주지 않으려 할 것이다.

기본적인 훈련

대인관계에서 영리하지 못한 사람은 애완동물에 비유할 수 있다. 애완동물이란 말에 불쾌하더라도 잠시 참고 들어보라. 강아지를 훈련시킬 때 잘못된 행동을 할 때마다 애정 어린 마음으로 즉시 신문지로 코를 툭 치듯이, 이들이 잘못된 행동을 할 때 즉시 주의를 주어야 한다는 말이다. 여기서 '애정 어린 마음으로 즉시'라는 말이 핵심이다.

명심하라. 그가 나쁜 의도를 갖고 있는 것은 아니다. 회의를 하다가도 멈추고 이렇게 말하라. "이봐요, 밥. 그녀의 말에 고맙다고 해야지요" 혹은 "밥, 당신이 알려달라고 해서 말하는 거예요. 당신에게 화가 나서 그러는 게 아니라요. 나는 개인적인 일로 좀 기분이 상했는데, 당신이 이해해준다면 좋겠어요"라고 말하라. 아니면 이런 말은 어떤가? "다음에 우리 팀에 문제가 있어서 이메일을 보낼 거라면, 누군가에게 봐달라고 부탁해서라도 부드러운 말로 이메일을 시작하고 기분 좋게 마무리 짓는 게 어떨까요? 우리 직원이 어젯밤에 당신의 이메일을 받고 상당히 짜증을 냈는데, 당신이 그럴 의도로 보낸 건 아닐 거라고 제가 잘 설명했습니다."

이런 표현이 너무 유치하게 들리더라도 그렇게 하라. 직원들을 돕겠다는 진정성과 신뢰를 형성하는 것이 중요하다. 진정 그 직원이 나아지길 원한다면, 이렇게 말해주는 당신에게 고마워할 것이다. 이런 말들은 유머의 소재가 될 것이고, 그와 팀을 하나로 묶어주는 접착제 역할을 할 것이다. 어쨌든 직원은 선한 의도를 가지고 있다. 그는 강아지처럼 당신에게 고마움을 느낄 것이다. 그리고 당신은 그를 뒤따라다니면서 '똥을 치우지 않아도 된다'는 것에 기뻐하게 될 것이다.

응용 4: 겸손, 갈망, 영리함 모델을 조직문화에 정착시키기

나는 팀워크가 모든 사람이 따라야 할 덕목이라기보다는 선택 사항이라고 생각한다. 팀워크는 전략적 결정이고, 분명한 의도를 가진 결정이다. 그러나 이미 말했듯, 나는 팀워크의 효과를 경험하지 않기를 바라는 회사는 없을 거라고 확신한다.

조직의 리더들이 팀워크를 확산시키기 위해 기꺼이 상당한 시간과 노력을 기울이지 않는다면, 조직문화로 정착시키기는 어렵다. 나는 이상적인 팀 플레이어들을 끌어당기는 '팀워크 문화'를 진정으로 추구하지 않는 리더가 이 책에서 권장하는 바를 실행하기를 바라지 않는다. 팀워크를 간절히 바라는 조직에 한해서 팀워크를 조직문화로 내재화하는 몇 가지 아이디어를 실행하기 바란다.

솔직하고 대담하게 나아가라

팀워크가 중요하다고 믿고, 직원들이 겸손하고 갈망하고 영리하기를 기대하는 리더들은 직원들 앞에 당당히 나서서 '그러기를 바란다'고 말하라. 모든 사람들에게 밝혀라. 직원들, 납품업체들, 협력사들, 고객들, 잠재 고객들, 미래의 직원들 모두에게!

물론 올바른 방식으로 말해야 한다. 마케팅하라는 소리가 아니라 '기대치를 설정'하라는 뜻이다. 조직, 팀, 부서를 이끄는 자라면 그 누구라도 자기네 직원들이 겸손, 갈망, 영리함을 만족시키길 기대해야 한다고 알리는 것이 요점이다.

리더들은 가식적이거나 기만적이지 않아야 한다. 포스터나 티셔츠는 답이 될 수 없다. 무엇을 하든 간에 팀워크를 추구한다는 자신의 의지를 드러내라. 겸손, 갈망, 영리함을 추구하는 메시지가 시시해지게 만들어서는 안 된다. 그러면 고객, 납품업체,

협력사, 직원들이 조직에 적합한 자를 찾아주고 그렇지 않은 자를 가까이 오지 못하게 하는, 최상의 역할을 해줄 것이다.

왜 더 많은 조직들이 그렇게 하지 않는 걸까? 대부분의 경우, 자신감과 진정성을 가지고 팀워크를 구축하겠다는 의지가 충분하지 않기 때문이다. 어찌할 바를 몰라 당황하거나, 팀워크 문화를 구축하는 데 너무 단순하게 접근한다. 어떤 조직이 강한 문화를 구축하는 것에 솔직하고 담대한지 아는가? 강한 문화를 구축하는 데 성공한 조직들은 단순한 차원을 넘어서 자신들의 이상을 추구한다. 그 때문에 경쟁자들이 때론 냉소적이거나 빈정대는 반응을 보이기도 한다. 사우스웨스트 항공Southwest Airlines, 칙필에이Chick-fil-A, 리츠칼튼Ritz-Carlton, REI를 떠올려보라.

발견하고 칭찬하라

조직에 팀워크 문화를 정착시키고 싶은 리더들은 직원들이 겸손, 갈망, 영리함을 행동으로 표출하는지 지속적으로 살펴야 한다. 그리고 그런 행동을 보이면 모든 사람들이 이를 알도록 모범 사례로 소개해야 한다.

우리는 살면서 우리가 원하는 바를 행동으로 옮긴 사람을 보고도 아무런 말도 하지 않는 경우가 상당히 많다. 그런 행동이 그들에게 당연한 것이고 쉽게 준수할 수 있는 기준이라 여기면서 말이다. 우리는 사람들이 자신의 행동으로 인해 주목받으면 당황할 것이라고 주장하면서 칭찬에 인색한 이유를 합리화한다. 이는 칭찬이 그 직원의 행동을 강화시킬 뿐만 아니라 모든 직원들의 행동을 강화시킨다는 것을 깨닫지 못했다는 증거일 뿐이다.

훌륭한 팀 리더들은 팀워크에 부합하는 행동이라면 지극히 간단한 것도 찾아내 널리 알리는 일을 꺼려 하지 않는다. 그들은 자신이 수준 높고 똑똑한 관리자이길 원하기 때문이 아니라 어떤 행동을 기대하고 바라는지 모든 직원들이 확실히 깨닫기를 원하기 때문에 겸손, 갈망, 영리함을 보여주는 행동을 발견하면 크게 칭찬한다.

생각보다 많은 리더들이 칭찬과 인정의 제스처가 직원들에게 미치는 영향을 과소평가한다. 이들은 동전을 넣으면 작동하는 기계처럼 직원들을 생각하는지 연말 보너스를 결정하거나 기타 보상 제도를 수정하는 데는 많은 시간을 들이지만, 미팅 도중에 누군가에게 이렇게 말하는 것은 등한시한다. "어, 그 행동이 바로 갈망의 환상적인 사례야! 우리 모두 그런 행동을 더 많이 해야 돼."

보상이 중요하지 않다는 말이 아니다. 하지만 겸손, 갈망, 영리함의 문화를 정착시키기 바란다면, 가장 좋은 방법은 그런 덕목을 실천하는 직원을 발견해서 모범 사례로 널리 알리는 것이다.

풍선이나 케이크, 플라스틱 장식품 따위는 필요 없다. 그저 진실하고 즉각적인 칭찬이면 충분하다.

문제를 감지하고 일러줘라

겸손, 갈망, 영리함을 조직에 내재화하기 위한 마지막 단계는 부모나 코치의 마음으로 세 가지 덕목이 부족하다는 사실을 일러주는 것이다. 세 가지 덕목에 위반되는 행동을 발견할 때마다 위반한 사람이 자신의 행동이 잘못되었음을 깨닫는 시간을 갖게 하라. 위반의 정도가 작을수록 직원들이 위반했다는 것 자체를 모르고 넘어가는 경우가 많은데, 그런 사소한 위반 사례에서 생각보다 많은 것을 배울 수 있다.

훌륭한 팀이 되려면 리더는 겸손, 갈망, 영리함의 결함을 즉각적이고 요령 있게 일러줘야 한다.

부록

`팀 플레이어 모델`과
`팀의 다섯 가지 함정` 모델

팀의 다섯 가지 함정 모델을 살펴보고, 팀 플레이어의 모델과 어떻게 상호하여 조직에 적용시킬 수 있는지 알아본다.

팀 플레이어 모델과 '팀의 다섯 가지 함정' 모델

《팀이 빠지기 쉬운 다섯 가지 함정》을 읽어본 독자라면 그 책의 내용과 이상적인 팀 플레이어 모델이 어떻게 하나로 합쳐질 수 있는지 궁금할 것이다. '팀의 다섯 가지 함정 모델'과 관련된 컨설팅이나 교육을 받았거나 관여해본 독자들도 있을 텐데, 과연 이상적인 팀 플레이어 모델이 자신들의 결과물을 향상시키는 데 도움이 될지 궁금할 것이다. 이러한 궁금증에 대한 해답을 간단하고 단도직입적으로 설명해보겠다.

첫째,《팀이 빠지기 쉬운 다섯 가지 함정》은 집단 구성원들이 끈끈한 팀을 구성하려면 어떻게 상호작용해야 하는지에 초점이 맞춰져 있다. 반면, 이 책은 팀을 망치는 함정을 극복하기 위해 팀원 개개인이 준수해야 할 덕목에 초점을 맞추고 있다. 예를 들어, 겸손이라는 덕목을 끌어올린 사람은 오만하고 불안정하고 독선적인 사람에 비해 다른 사람의 의견을 쉽게 수용할 가능성이 높다. 마찬가지로, 영리함을 개선시킨 사람은 건전한 갈등 상황에 좀 더 쉽게 대처할 것이다. 팀 동료들의 생각을 읽고 이해하는 방법과 자신의 말과 행동을 적절하게 수정하는 방법을 알기 때문이다. 다시 말해 '이상적인 팀 플레이어 모델'은 '팀원 개인 수준의 완성'을 지향하고, '팀의 다섯 가지 함정 모델'은 '일의 완성'을 둘러싼 역학에 주목한다.

둘째, '팀의 다섯 가지 함정 모델'에 시간과 에너지를 투자한 팀이라면 겸손, 갈망, 영리함 모델을 '조율'의 도구로 활용할 수 있다. 나는 다섯 가지 함정을 극복하다가 벽에 부딪치는 경우를 자주 목격했다. 많은 경우, 그런 팀들은 팀원들을 세 가지 덕목과 연관된 개별적인 개발 프로그램에 몰입시킴으로써 벽을 무너뜨릴 수 있다. 다시 말해, 이는 세 가지 덕목의 부족이 발목을 잡은 경우라고 볼 수 있다.

이런 경우는 휘발유와 오일이 가득 차 있더라도 부품들이 원활하게 움직이고 연료가 더 잘 연소되도록 약간의 첨가물을 더해 더 효과적이고 효율적으로 움직이게 하는 레이싱 자동차 엔진에 비유할 수 있다(자동차에 관한 나의 지식이 이것뿐이지만, 요점은 이해할 수 있을 것이다). 팀원들이 겸손, 갈망, 영리함을 개선하면 다섯 가지 함정을 극복하는 데 더 큰 진전을 이루어낼 수 있을 것이다.

마지막으로, 이 책에서 제시하는 이상적인 팀 플레이어 모델과 도구들은 팀원들이 서로의 생각을 수용하도록 하는, 또 하나의 기회를 제공한다. 함께 앉아서 서로의 장점과 약점을 인정한다

1	신뢰의 결핍	팀 동료들의 생각을 수용하는 것을 꺼린다면 팀 내 신뢰 형성이 어렵다.
2	갈등에 대한 두려움	작위적으로 조화를 유지하려는 욕망은 생산적이고 이상적인 갈등 상황이 발생하지 못하도록 억압한다.
3	헌신의 결핍	명확함의 부족과 잘못에 대한 공포는 팀원들이 시의적절하고 결단력 있게 의사결정하지 못하도록 막는다.
4	책임감의 회피	대인관계의 불편함을 피하려고만 한다면 팀원들이 자신들의 행동에 서로 책임감을 갖도록 만드는 데 실패하고 말 것이다.
5	결과에 대한 무관심	개인 업적과 평판에 대한 관심이 강하면 팀의 성공에 집중하지 못한다.

팀의 다섯 가지 함정

면(리더가 언제나 솔선수범해야 한다는 점을 명심하라), 팀원들 간의 신뢰가 돈독해지고, 그로 인해 건전한 갈등과 헌신, 책임감이 끌어올려지고 원하는 결과를 더 많이 창출할 수 있을 것이다. '다섯 가지 함정 모델'에 관해 자세한 내용을 알고 싶으면 www.tablegroup.com에 접속하라.

일터를 넘어

지난 20년 동안 지켜본 바에 따르면 겸손, 갈망, 영리함이 직장 생활 외의 영역에도 연관 있는 것이 분명하다. 겸손하고 갈망하고 영리한 배우자, 부모, 친구, 이웃은 다른 사람들을 끌어당긴다. 더 뛰어나고, 더 영감을 주고, 더 매력적인 사람임이 분명하다.

어떤 일이든 이런 덕목을 가지고 임하면 결코 실패하는 일이 없을 것이다. 설사 실패한다고 해도 겸손한 마음을 가지고 다시 갈망하며 영리하게 주위 사람들과 상호작용한다면 당신은 틀림없이 좋은 결과를 얻을 수 있을 것이다.

이와 관련, 다른 두 덕목보다 겸손이 우선한다는 점을 인정하지 않을 수 없다. 겸손은 모든 덕목 중에서 최고이고, 성경에 따르면 모든 죄악의 근원이라 할 수 있는 자만심의 반대이다.《겸손Humilitas》의 저자 존 딕슨John Dickson은 그리스도가 첫 번째로 제시한 덕목이 겸손이라고 말했다.

나는 독자들이 이 책의 가르침을 자신의 삶에 적용하기를 바란다. 겸손이 진정한 재능임에 감사하고, 겸손을 내려준 신성한 존재에 감사하면서 말이다.

감사의 글

‖

이 책을 쓸 수 있도록 나에게 충분한 시간과 안락한 공간을 선사한 나의 멋진 아내 로라Laura와 네 명의 사랑스러운 아들들에게 감사 인사를 전하고 싶다. 또한 더 테이블 그룹의 동료들, 에이미Amy, 트레이시Tracy, 캐런Karen, 제프Jeff, 린Lynne, 재키Jackie, 킴Kim, 코디Cody에게도 겸손, 열정, 영리함의 '살아 있는 실험실' 역할을 해준 것에 대해 감사를 전한다.

나의 환상적인 에이전트인 짐 레빈Jim Levine은 이상적인 팀 플레이어 모델에 깊은 관심을 가지고 여러 가지 통찰력 있는 제안을 해주었다. 이에 고맙다는 말을 전한다. 오랫동안 나와 더 테이블 그룹에 헌신하고 파트너십을 맺어준 존 윌리 & 선즈John Wiley & Sons의 멋진 직원들에게 감사드린다.

또한 전 세계에서 활동 중인 모든 컨설턴트들에게 감사 인사를 전하고 싶다. 그들은 고객사들이 건강한 조직을 현실화하도록 돕는 일에 매진하고 있다. 그리고 나는 우리의 상품과 서비스를 자신들에게 제공하도록 신뢰해준, 조직 건강에 관심이 높은 모든 고객사들에게 감사드린다.

특별히 로스앤젤레스의 사랑하는 카르멜회Carmelite 수녀님들과 전국에 널리 퍼져 활동하는 수많은 사제 친구들을 비롯하여 바인ViNE과 더 어메이징 패리시무브먼트The Amazing Parish Movement 에 있는 나의 친구들 모두에게 감사 인사를 보낸다. 그들은 나를 위해 기도해주었고 든든하게 지지해주었다. 고맙게도 매튜 켈리Matthew Kelly는 내가 이 책을 쓰도록 일깨워주었다.

그리고 나의 어머니에게 감사드린다. 나를 위해 매일 기도해주셨고 항상 나를 염려해주셨다. 또한 돌아가신 아버지에게도 감사한다. 그는 팀워크에 있어 내게 첫 번째 코치이자 선생님이었다.

무엇보다 신에게 감사 기도를 드린다. 당신은 모든 선한 것의 원천입니다.

최고의 팀은 왜
기본에 충실한가

초판 1쇄 발행 2018년 8월 24일
초판 6쇄 발행 2024년 1월 2일

지은이 패트릭 렌시오니
옮긴이 유정식
펴낸이 유정연

이사 김귀분
기획편집 신성식 조현주 유리슬아 서옥수 황서연 정유진 **디자인** 안수진 기경란
마케팅 반지영 박중혁 하유정 **제작** 임정호 **경영지원** 박소영

펴낸곳 흐름출판(주) **출판등록** 제313-2003-199호(2003년 5월 28일)
주소 서울시 마포구 월드컵북로5길 48-9(서교동)
전화 (02)325-4944 **팩스** (02)325-4945 **이메일** book@hbooks.co.kr
홈페이지 http://www.hbooks.co.kr **블로그** blog.naver.com/nextwave7
출력·인쇄·제본 삼광프린팅(주) **용지** 월드페이퍼(주) **후가공** (주)이지앤비(특허 제10-1081185호)

ISBN 978-89-6596-276-2 03320